本书受重庆人文科技学院校级重点科研项目"'双一流'背景下地方高校物流管理类一流专业的建设与探索"（编号：CRKSK2022013），重庆市2022年高等教育教学改革研究项目"基于虚拟教研室的物流管理专业课程思政协同育人的探索与实践"（编号：223444）以及重庆市高等教育学会2023—2024年度高等教育科学研究课题"数智时代应用型本科物流与供应链专业产教融合策略研究"（编号：cqgj23141c）的资助

"双一流"背景下地方高校物流管理类一流专业的

建设与探索

田桂瑛　王长春 / 著

西南财经大学出版社

中国·成都

图书在版编目（CIP）数据

"双一流"背景下地方高校物流管理类一流专业的建设与探索/田桂瑛，王长春著.--成都：西南财经大学出版社，2024.6.--ISBN 978-7-5504-6239-7

Ⅰ.F252.1

中国国家版本馆 CIP 数据核字第 2024NQ4252 号

"双一流"背景下地方高校物流管理类一流专业的建设与探索

"SHUANGYILIU" BEIJING XIA DIFANG GAOXIAO WULIU GUANLI LEI YILIU ZHUANYE DE JIANSHE YU TANSUO

田桂瑛　王长春　著

策划编辑：王青杰
责任编辑：王青杰
责任校对：高小田
封面设计：墨创文化
责任印制：朱曼丽

出版发行	西南财经大学出版社（四川省成都市光华村街 55 号）
网　　址	http://cbs.swufe.edu.cn
电子邮件	bookcj@swufe.edu.cn
邮政编码	610074
电　　话	028-87353785
照　　排	四川胜翔数码印务设计有限公司
印　　刷	成都市火炬印务有限公司
成品尺寸	170 mm×240 mm
印　　张	13.75
字　　数	271 千字
版　　次	2024 年 6 月第 1 版
印　　次	2024 年 6 月第 1 次印刷
书　　号	ISBN 978-7-5504-6239-7
定　　价	78.00 元

前言

　　很荣幸，我与同事王长春老师合作的这本新书——《"双一流"背景下地方高校物流管理类一流专业的建设与探索》能够由西南财经大学出版社出版，使之有机会与大家见面。2008年的那个夏天，怀揣着对教育事业的好奇与站上讲台的那份强烈的渴望，我入职了重庆一所富有特殊魅力的高校，并担任了一名物流与供应链管理专业的专职教师。弹指一挥间，物流行业和物流专业早已发生了翻天覆地的变化。在当今全球化和数字化的时代，物流管理作为支撑社会经济发展的重要力量，其重要性日益凸显。2019年，教育部颁发了《关于实施一流本科专业建设"双万计划"的通知》，各高校纷纷展开了对一流专业建设的探索与实践。在这种背景下，地方高校如何结合自身实际情况，建设具有竞争力的物流管理一流专业，培养出具备创新精神和实践能力的物流管理人才，已成为各地方高校物流管理专业研究的重要课题。

　　2020年，重庆人文科技学院物流管理专业获批校级一流专业，物流专业教师团队正式展开了对物流管理一流专业建设的探索与实践。为了更快更好地找到其中的规律和经验，我和我的同事们在双海军教授和学院领导的带领和支持下，在全国范围内展开了对物流管理专业建设的调查与研究。重庆人文科技学院属于重庆市地方应用型民办高校，因此我们主要围绕着重庆市的高校及在物流管理专业方面特别出色的部分省外民办高校进行了调查研究。因此，这本书的出版，是对地方高校尤其是民办高校物流管理一流专业建设的一次深入探索和实践。

这本书从理论和实践两个层面，详细阐述了"双一流"建设背景，以及当前部分地方高校物流管理专业存在的一些共同性问题，同时对一流专业的建设标准、建设内容及保障措施等进行了分析，最后结合具体的实践案例，展示了不同高校物流管理专业在专业建设、课程设置、实践教学等方面的探索和成果，期望为地方高校物流管理类一流专业的建设提供一定的借鉴和启示。本书第1~3章由王长春撰写，第4~8章由田桂瑛撰写。

我坚信，这本书的出版将对地方高校物流管理专业的建设产生一定的积极影响。我期待着读者们能从这本书中获得一些启示，共同关注和推动我国地方高校物流管理专业的健康发展。

最后，我要感谢学校领导和同事们的支持，感谢所有参与这本书写作的作者及出版社的编辑们，他们的辛勤工作和无私奉献使得这本书得以顺利出版。我也要对所有支持本书出版的工作人员表示衷心的感谢。

田桂瑛

2024 年 1 月

目录

第一章 引言

第一节 "双一流"建设背景概述

一、我国高等教育发展历程

中国共产党成立以来，由党领导并创办了具有中国特色的高等教育体系，我国高等教育系统经历了一系列的改造和发展。

（一）新民主主义革命和社会主义革命时期

1921 年中国共产党成立后，在国内工农运动兴起，新民主主义革命潮流高涨的背景下，中国共产党以"使文化普及于平民，发现真理、造就人才"的教育方针创办了高等学校；1927 年大革命失败后，中国共产党转战广阔的农村，开创了农村革命根据地，并在这个时期向苏联学习，实行苏维埃教育，确立了"在于以共产主义的精神来教育广大的劳苦民众，在于使文化教育为革命战争与阶级斗争服务，在于使教育与劳动联系起来，在于使广大中国民众都成为享受文明幸福的人"的文化教育总方针，创办了马克思共产主义学校为代表的高等教育机构。

随着日本侵华战争的全面爆发，中共中央制定了"实行抗战的教育方针，提倡国防教育，实行文化教育工作中的统一战线政策，实行教育与生产劳动相结合，大力发展工农群众的教育"的教育方针。事实证明，抗日战争确立的教育方针发挥了不可替代的作用。随着抗日战争的胜利，解放战争时期，党中央坚持教育为国家经济、政治、文化、教育等方面建设服务的理念，并确立了"教育要向提高科学文化水平的正规化方向发展"的教育方针。

（二）社会主义建设时期

在社会主义建设时期，我国进行社会主义国家建设和社会发展，对专业人才的需求迅速增加，全国高校随之展开了大规模的院系调整，这是中国高等教育史上的大事。中共中央决定将高等教育管理权由中央下放到地方，从而调动地方开办大学的积极性。1958 年，中共中央颁发《关于高等学校和中等技术学校下放的意见》，指出：除少数综合大学、某些专业学院和某些中等技术学校仍旧由中央教育部或中央有关部门直接领导外，其他的高等学校和中等技术学校都可以下放，归各省（自治区、直辖市）领导。

（三）改革开放和社会主义现代化建设新时期

改革开放以来，党坚持把教育摆在优先发展的战略地位，实施科教兴国战略和人才强国战略，全面推进高等教育体制改革和教学改革。在 1992 年举行的第四次全国高等教育会议中，国家教委指出"要坚持党的基本路线不动摇，高等教育必须为经济建设这个中心服务，把改革开放同四项基本原则有机统一起来"，"要主动适应社会主义市场经济体制的建立和完善，改革高等教育体制"。中共中央开始从量和质两个方面发力高等教育，一方面，进一步扩大高等教育招生规模，让更多人能够享受到高等教育资源，满足我国现代化建设事业对人才规模的需求；另一方面，积极推进重点大学项目，促进我国高等教育办学质量和办学水平的提升。

我国于 1995 年启动了"211 工程"，1999 年启动了"985 工程"，这两项教育领域的国家重点建设项目，在提高我国一大批高等学校的教学质量与办学水平方面发挥了重大作用。其中，"211 工程"是指面向 21 世纪重点建设 100 所左右的高等学校和一批重点学科的建设工程。1993 年，原国家教育委员会印发了《关于重点建设一批高等学校和重点学科点的若干意见》，决定设置"211 工程"重点建设项目。"211 工程"是新中国成立以来由国家立项在高等教育领域进行的重点建设工作，是中国政府实施"科教兴国"战略的重大举措、中华民族面对世纪之交的国内外形势而做出的发展高等教育的重大决策。"211 工程"建设高校具体名单如表 1-1 所示。

表 1-1　我国"211 工程"建设高校名单

第一批 (27 所)	清华大学、北京大学、中国科技大学、南京大学、复旦大学、上海交通大学、西安交通大学、浙江大学、哈尔滨工业大学、北京理工大学、北京航空航天大学、南开大学、天津大学、西北工业大学、中国农业大学、中国人民大学、北京师范大学、大连理工大学、吉林大学、哈尔滨工程大学、同济大学、东南大学、武汉大学、华中科技大学、中南大学、国防科技大学、中山大学
第二批 (67 所)	中国石油大学、北京中医药大学、北京邮电大学、北京林业大学、北京科技大学、北京交通大学、北京化工大学、北京外国语大学、对外经济贸易大学、中央音乐学院、北京工业大学、中央民族大学、天津医科大学、河北工业大学、太原理工大学、内蒙古大学、东北大学、辽宁大学、大连海事大学、东北师范大学、延边大学、东北农业大学、华东师范大学、华东理工大学、东华大学、上海财经大学、上海外国语大学、上海大学、上海医科大学、第二军医大学、中国矿业大学、中国药科大学、南京农业大学、江南大学、河海大学、南京航空航天大学、南京理工大学、南京师范大学、苏州大学、南昌大学、安徽大学、厦门大学、福州大学、山东大学、中国海洋大学、郑州大学、中国地质大学、武汉理工大学、湖南大学、湖南师范大学、华南理工大学、暨南大学、华南师范大学、广西大学、重庆大学、四川大学、电子科技大学、西南交通大学、西南财经大学、四川农业大学、云南大学、兰州大学、西安电子科技大学、长安大学、西北大学、第四军医大学、新疆大学、中国传媒大学（入选时的名称为北京广播学院）
第三批 (12 所)	西南大学、中国政法大学、中央财经大学、华北电力大学、东北林业大学、合肥工业大学、华中农业大学、华中师范大学、中南财经政法大学、贵州大学、西北农林科技大学、北京体育大学
第四批 (1 所)	陕西师范大学
第五批 (5 所)	宁夏大学、海南大学、青海大学、石河子大学、西藏大学

　　"985 工程"是我国在世纪之交为建设具有世界先进水平的一流大学而做出的重大决策。1998 年 5 月 4 日，时任国家主席江泽民在庆祝北京大学建校 100 周年大会上向全社会宣告："为了实现现代化，中国要有若干所具有世界先进水平的一流大学。"教育部决定在实施《面向 21 世纪教育振兴行动计划》中，重点支持北京大学、清华大学等部分高等学校创建世界一流大学和高水平大学，并以江泽民同志在北京大学 100 周年校庆的讲话

时间（1998 年 5 月）将该改革工程命名为"985 工程"。"985 工程"建设高校具体名单如表 1-2 所示。

表 1-2　我国"985 工程"建设高校名单

第一期 （34 所）	北京大学、清华大学、中国人民大学、复旦大学、浙江大学、华中科技大学、武汉大学、厦门大学、北京航空航天大学、北京理工大学、北京师范大学、南开大学、天津大学、大连理工大学、东北大学、吉林大学、哈尔滨工业大学、同济大学、上海交通大学、南京大学、东南大学、中国科学技术大学、山东大学、中国海洋大学、湖南大学、中山大学、华南理工大学、重庆大学、电子科技大学、西安交通大学、西北工业大学、兰州大学、四川大学、中南大学
第二期 （2006 年增补 5 所）	中国农业大学、西北农林科技大学、华东师范大学、国防科学技术大学、中央民族大学

（四）中国特色社会主义新时代

进入中国特色社会主义新时代，中共中央高度重视高等教育事业的发展，指出高等教育发展水平是一个国家发展水平和发展潜力的重要标志，并作出全面加强党对高校的领导，实现我国从高等教育大国到高等教育强国的跨越，建设世界一流大学和一流学科等重大战略决策。世界一流大学建设和一流学科（"双一流"）建设，是中共中央、国务院做出的重大战略决策，也是中国高等教育领域继"211 工程""985 工程"之后的又一国家战略，有利于提升中国高等教育综合实力和国际竞争力，为实现"两个一百年"奋斗目标和实现中华民族伟大复兴的中国梦提供有力支撑。

二、"双一流"建设背景介绍

《中华人民共和国国民经济和社会发展第十四个五年规划和 2035 年远景目标纲要》明确提出，到 2035 年我国将基本实现社会主义现代化，建成教育强国。"十四五"时期"建设高质量教育体系"，特别强调要"提高高等教育质量"。通过实施"211 工程""985 工程"以及"优势学科创新平台"和"特色重点学科项目"等重点建设，一批重点高校和重点学科建设取得重大进展，带动了我国高等教育整体水平的提升，为经济与社会持续健康发展做出了重要贡献。

进入 21 世纪以来，北京大学、清华大学、上海交通大学、浙江大学、复旦大学、南京大学、中山大学、武汉大学、中国科学技术大学等"985工程"高校承担了我国绝大多数关乎国家发展和需要重点攻关的科研项目。清华大学的通信工程、北京科技大学的矿业工程、同济大学的土木工程、上海交通大学的船舶与海洋工程、哈尔滨工业大学的仪器科学、武汉大学的遥感技术等学科建设跻身世界一流行列。

得益于我国高等教育发展过程中的一系列重点建设工作，一批重点高校和重点学科的建设取得重大进展，承担了我国经济、科技、社会发展等领域的重要研究项目，带动了我国高等教育整体水平的提升，为经济社会持续健康发展做出了重要贡献。但是重点建设工作也存在已是重点的高等院校身份固化、缺乏一定的竞争意识、学科建设重复交叉等问题。因此，我国高等教育发展与深度改革工作还有待进一步推进，高等教育的发展迫切需要加强资源整合，创新实施方式。为认真总结我国高等教育发展与改革经验，加强我国高等教育体系系统设计，加大改革力度，完善推进机制，坚持久久为功，需要统筹推进世界一流大学和一流学科建设。2015年11月5日，国务院印发了《统筹推进世界一流大学和一流学科建设总体方案》，标志着我国高等教育改革正式进入"双一流"建设阶段。

第二节　地方应用型高校的界定

我国高校主管部门包括教育部和中央其他部委、省政府或者市政府、省教育厅或市教育局等。教育部直属高校直接归口于教育部，而不归当地政府及教育部门管辖，这些高校的人事任命权属于教育部，学校所在地政府及教育部门没有这些高校的人事管辖权；学校的财政收支归属于教育部，即其经费来源是教育部拨款，而不是地方拨款。除了少数高校属于教育部或中央其他部委管理外，我国大部分高校归口于所在省（自治区、直辖市）的省教育厅或教育局。这些归地方政府或教育部门管理的高校，属于地方性院校。地方所属高校是指隶属于各省（自治区、直辖市），大多数靠地方财政提供资金，由地方行政部门划拨经费的普通高等学校。其以服务区域经济社会发展为目标，着力为地方培养高素质人才。地方高校既包括地方所属的公办本科院校，也包括民办本科院校和独立院校。

随着经济和社会的进一步发展，特别是20世纪80年代以后，国际高教界逐渐形成重视实践教学、强化应用型人才培养的新潮流。国内诸多高校纷纷在教育教学改革的探索中注重实践环境的强化，人们逐渐意识到实践教学是培养学生实践能力和创新能力的重要环节，也是提高学生社会职业素养和就业竞争力的重要途径。2014年，国务院出台《关于加快发展现代职业教育的决定》，提出引导一批普通本科高校向应用技术类型高校转型，重点举办本科职业教育。因此有必要对应用型高校和地方应用型高校做出进一步界定。

应用型高校是指办学定位以应用型为主，以培养适应生产、建设、管理、服务一线需要的，德智体美劳全面发展的高级应用型人才为培养目标的高等院校。习近平总书记强调指出，"我们要认真吸收世界上先进的办学治学经验，更要遵循教育规律，扎根中国大地办大学"。扎根中国大地办大学要有更加强烈的社会责任感和时代使命感，紧密围绕当地的实际需求，调整优化办学结构和内容，积极发展地方应用型高校。应用型高校通常指的就是地方应用型高校，对地方应用型高校的界定还可以进一步完善。地方应用型高校是指办学定位为应用型高校的地方所属高等学校，这里的地方应用型高校既包括地方所属的公办应用型高校，也包括地方所属的民办应用型高校。在高等教育实现跨越式发展、迈入普及化阶段的新时期，地方应用型高校在我国高等教育体系中起着承上启下的重要作用，已成为建设高等教育强国不可或缺的重要力量。

第三节　一流专业建设的重要意义

一流专业建设在高等教育中具有十分重要的意义。一流本科专业建设"双万计划"是教育部全面贯彻落实全国教育大会和新时代全国高校本科教育工作会议精神，推动新工科、新医科、新农科、新文科建设，做强一流本科、建设一流专业、培养一流人才，全面振兴本科教育，提高高校人才培养能力，实现高等教育内涵式发展的重要举措。

专业是高校人才培养的摇篮，是高等教育体系的基本单元。一流专业建设旨在深化"六卓越一拔尖"计划 2.0[①]，推动"四新"建设、做强一流本科、培养一流人才，是推进新时代高等教育高质量发展的重要举措。通过一流专业建设，高校可以优化专业结构，面向经济社会和国家发展需求，升级改造传统专业、建设新兴专业，实施分类分层次人才培养，深化专业内涵建设，探索具有自身特色的人才培养新架构，从而推动新时代人才培养高质量发展。

因此，一流专业建设的重要性不言而喻。具体而言，一流专业建设有以下几个方面的意义：

一、培养高素质人才

一流专业建设注重学生的综合素质和能力的培养，通过制订完善的人才培养方案，优化课程设置，更新教学内容和方法等手段，对学生进行全面的知识和技能培养，提高学生的综合素质和竞争力。

制（修）订人才培养方案：一流专业建设要根据专业特点和市场需求，重新审视和修订人才培养方案，明确人才培养目标、课程设置和教学大纲，突出能力本位和素质导向，注重学生的综合素质和能力的培养。

优化课程设置：一流专业建设注重课程设置的优化和更新，通过增加综合性、创新性和实践性强的课程，减少重复性、单一性课程，让学生在学习过程中更好地掌握专业知识和技能，同时拓宽知识面和视野。

更新教学内容和方法：一流专业建设注重教学内容和方法的更新和改革，通过引入新的教学理念和方法，如 PBL 教学法、案例教学法等，引导学生主动学习、思考和实践，提高学生的自主学习能力和创新意识。

加强实践教学：一流专业建设注重实践教学和理论教学的有机结合，通过加强实验室、实践基地等建设，开展形式多样的实践教学活动，让学生在实际操作中更好地理解和掌握专业知识，提高实践能力和解决实际问题的能力。

强化师资队伍建设：一流专业建设注重师资队伍的建设和提升，通过引进高层次人才、培育优秀青年教师等方式，打造一支高素质、有创新精

---

① 卓越工程师教育培养计划 2.0、卓越医生教育培养计划 2.0、卓越农林人才教育培养计划 2.0、卓越教师培养计划 2.0、卓越法治人才教育培养计划 2.0、卓越新闻传播人才教育培养计划 2.0、基础学科拔尖学生培养计划 2.0。

神和实践能力的师资队伍，为学生的综合素质和能力的培养提供有力保障。

开展素质教育活动：一流专业建设注重学生综合素质的培养，通过开展丰富多彩的素质教育活动，如学术讲座、科研项目、社会实践等，让学生在学习专业知识的同时，不断提升自己的综合素质和能力。

总之，一流专业建设通过制订人才培养方案、优化课程设置、更新教学内容和方法、加强实践教学、强化师资队伍以及开展素质教育活动等多种手段，全方位地培养高素质人才。

二、提高教学质量

一流专业建设注重教学质量的控制和提升，通过制定严格的教学质量标准和质量监控机制，加强对教师教学质量的评估和学生学习效果的反馈，不断改进教学方法和手段，保证教学质量的稳定性和高水平。

同时，一流专业建设会要求高校为教学质量的提升提供更多的保障。比如：首先，高校为了更好地进行一流专业的建设，必然会注重教师队伍的建设和提升，通过引进高层次人才、培育优秀青年教师等方式，打造一支高素质、有创新精神和实践能力的师资队伍，为提高教学质量提供有力保障。其次，一流专业建设会要求高校在专业建设中注重与产业对接，通过与行业与企业的深度合作，在专业教学中引入企业标准和行业标准，加强实践教学，实现产教融合，并根据市场需求变化不断更新教学内容和方法，从而让学生更好地理解行业发展需求并学会专业知识，从而提升就业竞争力。再次，一流专业建设将会引导高校更加注重学生综合素质和能力的培养，通过制订完善的人才培养方案，优化课程设置，更新教学内容和方法等手段，对学生进行全面的知识和技能培养，提高学生的综合素质和竞争力。最后，一流专业建设会不断倒逼高校持续实施教学改革，包括课程设置、教学内容、教学方法的改革与提升，从而提高教师的教育教学水平，进而为提高教育效果和教学质量提供保证。

总之，一流专业建设通过制定教学质量标准、加强师资队伍建设、注重实践教学、引入行业标准、注重学生综合素质培养等多种手段来保障和提高教学质量，从而为国家和地区的经济发展培养出更适合的高素质应用型人才。

三、促进科技创新

一流专业建设注重科研的开展和科技创新，通过提供全面的科研资源和良好的科研环境，鼓励学生参与科研项目，提高学生的科研能力。同时，一流专业建设也可以推动教师科研水平的提升，促进学科交叉和科研成果的转化和应用。

其一，一流专业建设在建设过程中，注重创新型人才的培养。高校通过制订完善的人才培养方案，优化课程设置，更新教学内容和方法等手段，不断加强对学生的创新思维和创新能力的培养，从而为科技创新提供了人才保障。

其二，高校在一流专业建设中势必注重教师科研建设，并通过加强实验室、实训基地建设及科研平台建设等，为学生和教师提供良好的科研环境和条件，从而为科技创新提供良好的物质基础和技术保障。同时，高校在一流专业建设中往往会更愿意支持学生参与科研项目。很多高校的一流专业建设通常会通过提供科研资助以及开展各种科技创新和学科竞赛等活动，鼓励学生参与科研，从而让学生在科研和竞赛中更好地理解和掌握专业知识，从而潜移默化地提高了学生的实践能力和科技创新能力。

其三，高校在一流专业建设中比较注重与企业和行业的合作与交流，从而为科技创新与成果孵化提供良好的市场条件。一流专业建设注重与产业界、科研机构的合作和交流，通过产学研合作、校企合作等方式，引入企业和科研机构的标准和理念，更新教学内容和方法，加强实践教学，为实现科技创新提供了原动力。

总之，一流专业建设通过培养创新人才、加强师资科研能力、建设科研平台、推动科研合作、支持学生参与科研项目等多种手段，可以促进科技创新的发展，推动经济社会的发展和进步。

四、推动教育教学改革

一流专业建设是教育教学改革的重要推动力，它不仅可以促进高校教育教学的改革和创新，提高人才培养质量，还可以推动全社会对一流专业和高等教育质量的关注和重视，从而促进教育教学的全面提升和发展。

其一，一流专业建设会促进教育教学的理念创新。一流专业建设会更加倡导以学生为中心、以需求为导向的教育教学思想，强调培养学生的创新精神和实践能力，促进学生的全面发展。

其二，一流专业建设将会特别注重课程设置的更新和优化。一流专业建设往往会通过与企业、行业保持紧密合作与交流，不断引入新的科技和行业标准，根据最新行业需求变化及时调整和更新专业课程，以便令其所培养的人才与社会发展需求相适应。

其三，一流专业建设将会紧随时代发展不断提升教育教学技术手段。一流专业建设过程中，高校会通过引入现代信息技术和教育技术，如网络教育、在线课程等，从而不断丰富教学手段和方法，提高教学效果和学生学习效果。

其四，一流专业建设将会加强专业与产业和社会的联系。通过与企业、行业的深度合作，引入企业标准和行业标准，不断更新教学内容和方法，加强实践教学，实现产教融合，从而使教育教学更加贴近实际需求。

其五，一流专业建设会推进教育教学评价体系改革，建立以能力评价为核心、多维度的评价体系，注重学生综合素质和实践能力的评价，从而促进教育教学质量的持续提高。

综上所述，一流专业建设通过促进教育教学理念创新、推动课程设置的更新和优化、强化实践教学的地位和作用、提升教育教学技术手段、加强与产业和社会的联系、推进教育教学评价体系改革等多种方式，可以推动教育教学改革，提高高等教育质量和水平。

五、推动学科发展

一流专业建设要求高校关注学科前沿，推动学科发展，通过加强学科建设，提高科研水平，可以促进学科交叉融合，提升专业的整体水平。

其一，一流专业建设注重学科交叉融合，通过构建跨学科的教学和科研平台，促进不同学科之间的交流和合作，从而推动学科的交叉融合和创新发展。

其二，一流专业建设注重科研能力的提升，通过加强师资队伍建设、科研平台建设和科研合作等方式，提升学科的整体科研水平和创新能力，为学科发展提供强有力的支撑。

其三，一流专业建设注重实践教学，通过加强实验室、实践基地等建设，开展形式多样的实践教学活动，让学生在实际操作中更好地理解和掌握专业知识，提高其实践能力和创新意识，进而促进学科的发展。

其四，一流专业建设注重课程设置的优化和更新，通过引入新的科技和行业标准，及时调整和更新专业课程，注重课程的交叉融合和多元化，以适应时代和社会发展需求，促进学科的发展。

其五，一流专业建设注重与产业和社会的联系，通过与行业及企业的深度合作，引入企业标准和行业标准，更新教学内容和方法，加强实践教学，实现产教融合，使学科发展更加贴近实际需求。

其六，一流专业建设注重国际化合作与交流，通过与国际知名高校和科研机构开展合作项目，共同培养人才和进行科研合作，引进国际先进的学科理念和资源，推动学科的国际化发展。

综上所述，一流专业建设通过促进学科交叉融合、加强科研能力、推动实践教学发展、优化课程设置、加强与产业和社会的联系、推进国际化合作与交流等多种方式，可以推动学科的发展，提升该学科的竞争力。

六、促进社会进步

一流专业建设对于推动社会进步有着重要的作用。第一，一流专业建设以培养未来社会所需的高素质人才为目标，不断优化课程设置、更新教学内容、改进教学方法和教学手段等来提升教学质量和效果，从而提升学生的综合素质和创新能力，为社会提供优秀的人才资源。第二，一流专业建设注重科技创新，通过加强科研平台建设和科研合作，推动科学技术的研究和创新，为经济发展和社会进步提供动力。第三，一流专业建设在建设过程中注重与产业对接，通过产学研合作、校企合作等方式，引入新的科技和行业标准，推动产业升级和经济转型，提高经济质量和效益。

综上所述，一流专业建设在高校教育中具有非常重要的意义。一流专业建设，不仅能够提高教学质量、推动学科发展、培养优秀人才，还能推动国家科技创新、服务地方经济发展，同时还能促进社会进步。更为重要的是，一流专业建设本身也是提升地方高校在国内外知名度和影响力的重要举措。

第四节　研究目的与方法

一、研究目的

笔者是在教育部、财政部、国家发展改革委印发了《关于高等学校加快"双一流"建设的指导意见》等一系列相关政策文件，同时笔者所在单位正好也特别重视和加强物流管理一流专业建设的背景下提出该研究的。因此，本书主要立足于重庆市，并结合重庆相关教育部门和政策的有效支持，拟对重庆地方高校的物流管理类一流专业建设进行深入研究，并针对其建设情况进行归纳总结，从而对其存在的问题及进一步建设等提出一系列的对策建议。

因此，本书的研究目的主要有：

其一，深入了解"双一流"建设背景下的高等教育改革和发展趋势，把握地方高校物流类一流专业的建设机遇和挑战。

其二，针对重庆市地方高校物流类专业的特点，研究如何优化人才培养方案，提高人才培养质量，培养具有国际视野、创新能力和实践精神的物流领域优秀人才。

其三，研究如何将物流类专业建设与重庆市地方经济发展相结合，推动物流产业升级和区域经济发展，实现产教融合、校企合作。

其四，探讨如何加强地方高校物流专业师资队伍建设，提高教师教学水平和科研能力，完善教学管理和评估机制，确保物流管理类一流专业的持续发展。

其五，推动物流管理教育的优化和提升。更加深入地理解"双一流"建设背景下的物流管理教育改革的方向和目标，推动物流管理类一流专业的教育改革和创新，提升物流管理类专业的整体水平和竞争力。

其六，培养高素质的物流管理人才。更好地把握物流行业的发展趋势和需求，从而调整和优化物流管理专业的人才培养方案，培养出更多具有国际视野、创新能力和实践精神的高素质物流管理应用型人才。

二、研究方法

（1）文献综述。笔者通过查阅相关政策文件、学术论文、研究报告等资料，了解"双一流"建设背景下高等教育改革、物流类专业建设的研究现状和发展趋势，为研究的开展提供理论支持。

（2）案例分析。笔者通过选择具有代表性的地方高校物流管理专业进行深入调查和分析，总结其在"双一流"建设背景下的专业建设经验和实践成果，为研究的开展提供实践支持。

（3）实地调查。笔者通过对地方高校物流类专业的教学、科研、校企合作等方面进行实地调查，了解专业建设的实际情况和需求，为研究提供现实依据，并为专业建设提供针对性的建议。

（4）定量与定性相结合。笔者通过问卷调查、访谈等定性和定量研究方法，了解地方高校物流类专业的师资队伍、教学质量、毕业生就业等情况，为专业建设提供数据支持和分析。

（5）比较分析。笔者通过对比分析国内不同地区、不同层次的高校物流类专业建设情况，找出差距和优势，提出有针对性的改进措施和发展建议。

第二章 "双一流"建设背景解读

第一节 "双一流"建设政策的起源与内涵

一、"双一流"建设政策的起源

随着我国高等教育的不断改革与发展，特别是"211 工程""985 工程""优势学科创新平台"和"特色重点学科项目"等重点建设工作有序推进之后，一批重点高等院校及高等院校的重点学科建设工作取得了重大进展，从而带动我国高等教育整体水平的迅速提升，进一步推进我国经济和社会的持续健康发展。与此同时，在我国大力发展高等教育，促进高等教育大规模高质量发展过程中，也存在部分高等院校身份固化、竞争能力不足、建设重复交叉等亟待解决的问题。因此，在我国高等教育改革发展过程中，迫切需要认真总结经验，加强系统谋划，加大改革力度，加强高等教育资源整合，创新实施方式，完善推进机制。统筹推进世界一流大学和一流学科建设政策的提出，是实现我国从高等教育大国到高等教育强国的历史性跨越，能在一定程度上缓解我国高等教育发展过程中的诸多矛盾。"双一流"建设相关政策如表 2-1 所示。

表 2-1 "双一流"建设相关政策一览表

政策发布时间	政策名称
2015 年 10 月 24 日	《统筹推进世界一流大学和一流学科建设总体方案》
2017 年 1 月 24 日	《统筹推进世界一流大学和一流学科建设实施办法（暂行）》
2017 年 9 月 20 日	《关于公布世界一流大学和一流学科建设高校及建设学科名单的通知》

表2-1(续)

政策发布时间	政策名称
2018 年 8 月 8 日	《关于高等学校加快"双一流"建设的指导意见》
2020 年 1 月 21 日	《关于"双一流"建设高校促进学科融合 加快人工智能领域研究生培养的若干意见》
2020 年 12 月 15 日	《"双一流"建设成效评价办法（试行）》
2022 年 1 月 26 日	《关于深入推进世界一流大学和一流学科建设的若干意见》
2022 年 2 月 9 日	《关于公布第二轮"双一流"建设高校及建设学科名单的通知》

2015 年 10 月 24 日，国务院印发《统筹推进世界一流大学和一流学科建设总体方案》（以下简称《总体方案》），标志着我国高等教育改革正式进入"双一流"建设阶段。《总体方案》要求，到 2020 年年底，我国若干所大学和一批学科进入世界一流行列，若干学科进入世界一流学科前列；到 2030 年，更多的大学和学科进入世界一流行列，若干所大学进入世界一流大学前列，一批学科进入世界一流学科前列，高等教育整体实力显著提升；到 21 世纪中叶，一流大学和一流学科的数量和实力进入世界前列，基本建成高等教育强国。《总体方案》提出，国家将鼓励和支持不同类型的高水平大学和学科差别化发展，总体规划，分级支持，每五年一个周期，2016 年开始新一轮建设。一流大学和一流学科建设将更加突出绩效导向，通过建立健全绩效评价机制，动态调整支持力度，不断完善政府、社会、学校相结合的共建机制，形成多元化投入、合力支持的格局。

2017 年 1 月 24 日，由教育部、财政部、国家发展改革委印发《统筹推进世界一流大学和一流学科建设实施办法（暂行）》（以下简称《实施办法（暂行）》），进一步贯彻落实党中央、国务院关于建设世界一流大学和一流学科的重大战略决策部署。《实施办法（暂行）》主要就一流大学和一流学科遴选条件、遴选程序、支持方式、动态管理和组织实施等方面进行了具体阐述。

2017 年 9 月 21 日，根据国务院印发的《总体方案》以及教育部等三部委联合印发的《实施办法（暂行）》，经专家委员会遴选认定，教育部、财政部、国家发展改革委研究并报国务院批准，公布第一批世界一流大学和一流学科（简称"双一流"）建设高校及建设学科名单。首批"双一流"建设高校共计 137 所，其中世界一流大学建设高校 42 所（A 类 36 所，B 类 6 所），世界一流学科建设高校 95 所；"双一流"建设学科共计 465 个（其中自定学科 44 个），具体名单见附录。

2018 年 8 月 20 日，为贯彻落实党的十九大精神，加快"双一流"建设，根据国务院印发的《总体方案》和教育部、财政部、国家发展改革委联合印发的《实施办法（暂行）》，教育部、财政部、国家发展改革委印发《关于高等学校加快"双一流"建设的指导意见》（以下简称《指导意见》）。《指导意见》从总体要求落实根本任务，培养社会主义建设者和接班人；全面深化改革，探索一流大学建设之路；强化内涵建设，打造一流学科高峰；加强协同，形成"双一流"建设合力这四个方面给我国高等学校加快"双一流"建设提供了建设方向和建设思路。

为深入学习贯彻全国教育大会精神，推进"双一流"加快建设、特色建设、高质量建设，2018 年 9 月 28 日至 29 日，教育部在上海召开"双一流"建设现场推进会。时任教育部部长陈宝生强调，统筹推进"双一流"建设开局良好，并要求各地各建设高校要加强组织领导，推进工作落实，支持率先改革，形成建设合力。要坚决扭转不科学的教育评价导向，积极探索建立引导和鼓励建设高校分类发展、特色发展的评价机制和办法，探索构建多元多层多维的中国特色一流大学一流学科评价体系。2020 年 12 月 30 日，教育部、财政部、国家发展改革委联合发布《"双一流"建设成效评价办法（试行）》。

2021 年 12 月 17 日，习近平总书记主持召开中央全面深化改革委员会第二十三次会议，为着力解决"双一流"建设中仍然存在的高层次创新人才供给能力不足、服务国家战略需求不够精准、资源配置亟待优化等问题，会议审议通过了《关于深入推进世界一流大学和一流学科建设的若干意见》（以下简称《若干意见》）。会议强调，办好世界一流大学和一流学科，必须扎根中国大地，办出中国特色。"双一流"建设要坚持社会主义办学方向，坚持中国特色社会主义教育发展道路，贯彻党的教育方针，落实立德树人根本任务。要牢牢抓住人才培养这个关键，坚持为党育人、为国育才，坚持服务国家战略需求，瞄准科技前沿和关键领域，优化学科专业和人才培养布局，打造高水平师资队伍，深化科教融合育人，为加快建设世界重要人才中心和创新高地提供有力支撑。

《若干意见》于 2022 年 1 月 29 日正式发布，从准确把握新发展阶段战略定位，全力推进"双一流"高质量建设；强化立德树人，造就一流自立自强人才方阵；服务新发展格局，优化学科专业布局；坚持引育并举，打造高水平师资队伍；完善大学创新体系，深化科教融合育人；推进高水平对外开放合作，提升人才培养国际竞争力；优化管理评价机制，引导建设高校特色发展；完善稳定支持机制，加大建设高校条件保障力度；加强组织领导，提升建设高校治理能力九个方面为"十四五"时期深入推进"双一流"建设提出了具体意见。

2022 年 2 月 8 日，教育部在官网发布 2022 年工作要点明确提出"逐步淡化一流大学建设高校和一流学科建设高校的身份色彩"，将一流大学建设高校和一流学科建设高校统称为"双一流"建设高校。第二轮建设名单不再区分一流大学建设高校和一流学科建设高校，将探索建立分类发展、分类支持、分类评价建设体系作为重点之一，引导建设高校切实把精力和重心聚焦有关领域、方向的创新与实质突破上，创造真正意义上的世界一流。2022 年 2 月 11 日，根据国务院印发的《总体方案》，以及教育部、财政部、国家发展改革委联合印发的《若干意见》和《实施办法（暂行）》，经专家委员会认定，教育部等三部委研究并报国务院批准，公布第二轮"双一流"建设高校及建设学科名单和给予公开警示（含撤销）的首轮建设学科名单，名单见附录。

二、"双一流"建设政策的内涵

"双一流"是指世界一流大学和一流学科，简称"双一流"，2015 年 10 月 24 日，国务院印发了《统筹推进世界一流大学和一流学科建设总体方案》（以下简称《总体方案》），"双一流"正式为公众所知，同时也标志着我国高等教育改革正式进入"双一流"建设阶段。

建设世界一流大学和一流学科，是党中央、国务院做出的高等教育发展与改革的重大战略决策，也是中国高等教育领域继"211 工程"和"985 工程"之后的又一国家战略。对"双一流"建设政策的正确理解非常必要。据时任教育部部长陈宝生介绍，"双一流"建设不是"211 工程""985 工程"的翻版，也不是升级版，更不是山寨版，它是一个全新的计划。

一流大学和一流学科建设有利于提升我国高等教育教学质量、办学综合实力和国际竞争力，为实现"两个一百年"奋斗目标和中华民族伟大复兴的中国梦提供有力支撑。下面将分别从"一流""世界""高等教育强国""建设"几个方面来深层次理解"世界一流大学和一流学科"的内涵。

（一）对"一流"的理解

"一流"是指高等学校的办学水平，而非学校的办学层次。办学层次强调的是高等学校服务的对象不同，比如国家重点大学、省级重点大学及地方大学等。不同层次的高等学校，其人才培养层次、服务对象、建设目标等方面是不同的。而所谓办学水平，则反映的主要是大学或高等教育机构教学质量的高低，特别是它们所提供的服务或产品能否适应特定服务对象或利益相关者的需求。因此，办学水平对不同办学层次的大学来说，其标准是不一样的。换句话说，重点大学应满足国家对高层次拔尖创新人才的需求，服务国家的重点研究领域和科技创新；而地方大学的重点则应注重培养各种技能型人才，为当地经济发展提供技术技能型人才和基层管理人才。重点大学和地方大学共同为我国经济社会发展提供人才支持，发挥着不同作用，其评价标准也是不同的。因此不同办学层次的高等学校不能简单比照，也不可互相替代。高层次不等于高水平，高水平也不同于高层次，不同层次的大学都可以达到一流水平，不同层次大学的部分学科也可以达到一流水平。

（二）对"世界"的理解

"世界"，从广义来讲，指全部、所有、一切，通常来讲指人类赖以生存的地球。而用在"世界一流大学和世界一流学科"里，我们常常自觉或不自觉地把"世界"理解为欧美等发达国家，把"世界一流"等同于发达国家的高等教育水平。深入思考后发现这个观点具有一定的片面性和盲目性，这里的世界实质上应该包括地球上的所有国家，既有发达国家，也有发展中国家。一所高等学校只要能够在世界范围内某个特定区域具有很强的影响力和话语权，能够被这个特定区域的优秀青年人所向往，被社会人士广泛认可，那么就可以将其认定为世界一流大学。

在对"世界"这个关键词有了正确认识的基础上，随着我国经济实力和国际地位的日益提高，我国高等教育在全球范围内产生的影响日益突出。一方面，要建设若干所能与欧美等世界发达国家一流大学媲美的世界一流大学与一流学科；另一方面，也应结合我国周边国家和地区，包括在东南亚、中亚、印度洋，以及共建"一带一路"① 沿线地区与国家，建设一批有影响力和话语权的高水平大学，提高中国在这些地区与国家的声望和引领作用，这对中国全面和充分参与全球治理体系非常必要。我国某些地方性大学，特别是与周边某些地区与国家具有特殊传统关系，包括文化、地缘、族缘、血缘关系等，或已形成某种影响力和话语权的地方大学和学科，也应纳入"双一流"建设范围。

（三）对"高等教育强国"的理解

"双一流"的建设目标不单单有建设若干所世界一流大学和高水平大学的任务，还有"到本世纪中叶，一流大学和一流学科的数量和实力进入世界前列，基本建成高等教育强国"的目标。所以，"双一流"建设的更高目标是提升全国高等教育水平和实力，是关乎我国高等教育整体发展的重大战略。

"高等教育强国"并不是简单的排名的概念，而是一个结构性概念。高等教育强国应该是能满足我国不同地区经济发展对不同层次、不同类型的人才需要，并支撑国家和地方不同战略。高等教育强国应该既有在全球高校排行榜中进入 TOP100 的研究型大学，也有培养技能型人才的高水平大学；既有顶尖的培养博士的大学，也有一流本专科大学和高职院校；既有具备学术影响力的一流学科，也有形成了行业影响力的一流学科；既有基础研究领域的重点学科，也有应用技术方面的前沿学科。不同层次、不同类型、不同特色的高等学校彼此呼应，相得益彰，形成一个能够服务国家、经济社会发展与人民群众需要的综合性的高等教育体系。

（四）对"建设"的理解

"双一流"建设政策推出后，教育部等陆续公布了两轮"双一流"建设高校和学科名单，在"双一流"建设的名单中，"建设"两字比较突出。对"建设"一词的理解，可以理解为一个动态建设的过程，也就是说一流大学和一流学科的建设是一个动态建设过程，被遴选出来的一流大学和一

---

① 共建"一带一路"，是习近平总书记深刻思考人类前途命运以及中国和世界发展大势，推动中国和世界合作共赢、共同发展作出的重大决策。党的二十大报告围绕推进高水平对外开放作出重要部署，强调推动共建"一带一路"高质量发展。中央经济工作会议提出，抓好支持高质量共建"一带一路"八项行动的落实落地，统筹推进重大标志性工程和"小而美"民生项目。作为极具包容性的全球公共产品和国际合作平台，共建"一带一路"倡议顺应全球治理体系变革的时代要求，着眼于各国人民追求和平与发展的共同梦想，给世界提供了一项充满东方智慧的共同繁荣发展方案，为全球发展开辟新空间。

流学科不是固化的"一流"建设身份，获得相应的建设资金支持也不是一劳永逸的。

"双一流"建设强调以学科为基础，对建设过程实施动态监测，实行动态管理。建设过程中，将根据建设高校的建设方案和自评报告，参考有影响力的第三方评价，对建设成效进行评价。根据评价结果情况，对建设工作按照建设方案有序推进、建设成效明显的，加大建设支持力度；对不按建设方案开展建设工作，且建设进展缓慢、没有成效的，给出警示并减小支持力度；对于建设过程中出现重大问题、不再具备建设条件且经警示整改仍无改善的高校及学科，及时调整出建设范围。

综上所述，"双一流"建设是高等教育深化改革的创新性政策，需要深入与历史性地理解，对关键词的认识则将直接影响"双一流"的成功实施。

第二节　地方高校在"双一流"建设背景下的机遇和挑战

"双一流"建设是指中国共产党中央委员会、中华人民共和国国务院作出的重大战略决策，也是中国高等教育领域继"211 工程""985 工程"之后的又一国家战略。2017 年 9 月 21 日，教育部，财政部和国家发展改革委联合发布《关于公布世界一流大学和一流学科建设高校及建设学科名单的通知》，正式确认并公布世界一流大学和一流学科建设大学和学科名单。"双一流"建设实行 5 年一个建设周期的动态调整建设原则，有利于提升中国高等教育综合实力和国际竞争力，为实现"两个一百年"奋斗目标和实现中华民族伟大复兴的中国梦提供有力支撑。"双一流"建设的提出，为中国高等教育带来了重大的发展机遇和挑战，也为地方应用型高校的发展带来了新的时代机遇和挑战。

一、"双一流"建设背景下地方高校的机遇

（一）"双一流"建设为地方高校赢得了公平竞争的机会

首先，"双一流"建设对地方高校而言，打破了高校原来的固化身份壁垒，使得地方高校有机会与国内一流高校站在同一起跑线上公平竞争。"双一流"建设不再把高校划分为"三六九等"，不再人为划定身份、层

次，而是把重点放在学科建设上，鼓励各类高校特色发展、差异发展。这使得地方应用型高校在明确自身定位的基础上，可以重点发展自己的优势学科，从而走向特色化发展方向。这将有助于地方高校释放出巨大的发展潜力，同时为地方高校的发展提供更广阔的发展空间。"双一流"建设在引入竞争机制的同时也更加强调客观和公平，从而能够有效促进地方高校的公平竞争与发展。

其次，"双一流"建设扩大了高校的自主权。"双一流"建设赋予高校更大的自主权，允许高校自主确定建设学科并自行公布，上级教育管理部门不介入、不设限，但会对高校进行目标管理，明确阶段性梯次目标和时间节点。这有助于高校更好地发挥自身优势，提高建设效率和质量。因此，地方应用型高校可以重新选定自己的赛道，自主确定自己的特色学科，并加以重点建设。在"双一流"建设的引导下，地方应用型高校的学科建设目标会更加明确清晰，并且会进一步设定明确的阶段性目标以及时间节点，从而有助于其发挥自身优势，提高其优势学科或特色学科的建设效率和质量。

最后，"双一流"建设为了推动高校的多样性发展，有效避免重复建设，以服务需求为导向、以学科建设为基础，对高校建设实行分类管理、分层推进。"双一流"建设鼓励地方高校特色发展，走差异化路线。不同类型的高校可以根据自身特点和发展阶段，制定符合自身实际的发展策略，从而形成自身的特色和优势。因此，地方高校可根据自己所在区域的经济发展特点及自身所在区域的经济发展对专业人才的诉求，并结合高校自身的优势与劣势明确自身的办学定位及发展目标，锁定自己的专业特色，从而形成独具一格的办学特色和办学优势。与此同时，"双一流"建设还打破了地域限制，不再局限于某个地区或省份的高校，而是面向全国范围内的高校，使得地方高校有机会与国内一流高校站在同一起跑线上公平竞争。这有助于促进地方高等教育的发展，缩小地区间高等教育发展的差距。即使在建设过程中地方高校在整体实力上暂时与一流水平有差距，但只要在部分学科领域和方向上优势突出，也能通过其优势学科冲击一流，这将进一步激活地方高校的学科潜力和办学活力，也为其与国内一流高校公平竞争带来了新的时代机遇。

（二）"双一流"建设为地方高校的发展带来更多资源支持

"双一流"建设，是党中央、国务院作出的重大战略决策，是新时代高等教育强国建设的引领性和标志性工程，对实现科教兴国战略、人才强国战略和创新驱动发展战略有重大意义。自国家正式启动"双一流"建设以来，各地方政府对"双一流"建设的热情明显高涨，其参与度和积极性明显提升。2021 年是第一轮"双一流"的收官之年，各省份自 2021 年起陆续公布了进一步加强"双一流"建设的配套政策和建设目标，随着 2022 年教育部公布第二轮"双一流"建设高校及建设学科名单，第二轮"双一流"建设正式启动。我国 31 个省份第二轮"双一流"建设高校入选情况及相关政策，如表 2-2 所示。

表 2-2　31 个省份第二轮"双一流"建设入选高校和相关政策

省份	第二轮"双一流"建设入选高校及学科个数	各省份相关政策
北京	32 所高校，91 个学科	对每个一流建设专业提供最高 3 000 万元支持，而高精尖学科最高可获得 5 000 万元的财政支持
江苏	16 所高校，48 个学科	江苏省在其《"十四五"教育发展规划》中表示，将扎实推进"双一流"建设支持计划，对进入国家"双一流"建设行列的江苏高校给予相应的经费支持和政策支持
上海	15 所高校，64 个学科	上海市在 2021 年 7 月发布的《上海市加快推进世界一流大学和一流学科建设方案（2021—2025 年）》中表示，计划到 2025 年，若干所高校进入世界一流行列，25 个左右的学科领域（方向）进入世界一流行列或国内一流前列
广东	8 所高校，21 个学科	广东省近年来在高等教育领域不断加大投入，在《高等教育"冲一流、补短板、强特色"提升计划实施方案（2021—2025 年）》中，计划到 2025 年，新增 1~2 所高校进入国家"双一流"建设行列，12~15 所高水平大学进入全国前列；打造一批具有国际竞争力的一流学科，新增 3~5 个学科进入世界前列
陕西	8 所高校，20 个学科	针对"双一流"建设，陕西省计划在下一个周期中投入超过 43.7 亿元进行支持。对已列入国家"双一流"建设的学科，按照每个学科每年 500 万元标准给予支持，对有望冲刺下一轮"双一流"建设的学科，按照每个学科每年 3 000 万元标准给予支持，对有发展潜力的学科，按照每个学科每年 2 000 万元标准给予支持

表2-2（续1）

省份	第二轮"双一流"建设入选高校及学科个数	各省份相关政策
四川	8所高校，14个学科	《四川省建设高质量高等教育体系重点行动方案（2021—2021年）》中，四川省计划实施学科专业"递进培育工程"行动，深入推进部省共建8所"双一流"建设高校和四川省"一流学科"建设，至少6个学科进入世界一流学科前列，超过50个学科进入国际先进、国内一流水平
湖北	7所高校，32个学科	"十四五"期间，湖北省计划分类推进"双一流"建设。落实省部共建机制，优化条件保障，提供优良政策环境和发展空间，促进武汉大学、华中科技大学等部委属高校提升核心竞争力，加快建成世界一流高校和一流学科，更好融入湖北高质量发展，支持2~3所省属高校实现一流学科重点突破。在2021年财政十分困难的情况下，湖北省仍然安排了11.8亿元支持省属本科的"双一流"建设
天津	6所高校，15个学科	配合"双一流"建设，天津市启动了顶尖学科培育计划，试点建立学科建设特区，分两个层次遴选建设40个左右高水平学科
湖南	5所高校，15个学科	为支持"双一流"建设，湖南省级财政新增专项资金，并整合原高等教育相关专项，设立了湖南省高校"双一流"建设专项资金。在第一轮"双一流"建设的5年建设周期内，共投入资金约77.96亿元。针对入选的世界一流建设学科的人文社科学科给予每年不低于500万元的支持，对国内一流建设学科中的医学学科、工学和农学学科、人文社科学科分别给予每年不低于800万元、600万元和400万元的支持
黑龙江	4所高校，12个学科	黑龙江省委省政府将新一轮省"双一流"建设资金由以往的每年5亿元增加到10亿元
辽宁	4所高校，7个学科	辽宁省在"十四五"教育发展规划中表示将支持大连理工大学、东北大学建设世界一流大学，支持辽宁大学、大连海事大学、中国医科大学、东北财经大学等11所高校建设世界一流学科和国内一流大学。建设100个左右支撑辽宁振兴发展的一流特色学科，其中10个左右学科达到国内一流水平，10个左右学科达到世界一流水平

表2-2（续2）

省份	第二轮"双一流"建设入选高校及学科个数	各省份相关政策
浙江	3所高校，23个学科	《浙江省高等教育"十四五"发展规划》中，省委省政府表示将在"十四五"期间支持浙江大学打造世界一流大学
吉林	3所高校，13个学科	《吉林省"十四五"教育发展规划》明确表示，将深入实施省部共建，加大对吉林大学、东北师范大学、延边大学"双一流"建设的支持力度。同时还会立项建设2所特色高水平研究型大学、6所特色高水平应用研究型大学和8所特色高水平应用型大学。支持建设250个左右特色高水平学科、300个左右特色高水平专业。按照国家部署启动和实施新一轮"双一流"建设
安徽	3所高校，13个学科	"十四五"期间，安徽省除了重点支持中国科学技术大学建成世界一流大学，还将支持合肥工业大学、安徽大学一流学科达到世界一流水平
山东	3所高校，8个学科	在2022年11月发布的《关于深入推动山东高等教育高质量发展的若干措施》中，山东省计划开展一流学科建设"811"项目，支持数学、海洋科学等8个现有国家"世界一流大学和一流学科"建设学科，创建世界一流学科
福建	有2所高校，7个学科	在《福建省高等教育十年发展规划（2021—2030）》中，福建省表示将支持厦门大学加快建成中国特色世界一流大学。支持福州大学国家"双一流"高校建设，整体办学实力稳定在全国大学前50强
重庆	2所高校，5个学科	《重庆市教育事业发展"十四五"规划（2021—2025）》中，重庆市表示将在"十四五"期间力争新增国家一流学科建设高校2所，力争新增国家一流学科3个，建成265个市级重点学科、50个左右市级一流学科、50个"人工智能+学科群"
河南	2所高校，4个学科	河南省表示，将在"十四五"期间，投入50亿元引导资金支持郑州大学一流大学建设，投入25亿元引导资金支持河南大学一流学科大学建设，力争"十四五"末，郑州大学全国高校综合排名进入前30，河南大学综合排名提升20位。遴选河南理工大学等7所高校的安全科学与工程等11个学科开展"双一流"创建，制定实施"双一流"创建工程的意见，明确了12条支持举措，安排55亿元创建资金，全力打造"双一流"后备军

表2-2（续3）

省份	第二轮"双一流"建设入选高校及学科个数	各省份相关政策
山西	2所高校，3个学科	在2021年省政府"全面建成小康社会"的新闻发布会上，山西省教育厅表示将实施重点建设方略，落实省委、省政府关于支持山西大学、太原理工大学、中北大学率先发展的12条举措，支持三所学校率先发展
新疆	2所高校，4个学科	《新疆维吾尔自治区国民经济和社会发展第十四个五年规划和2035远景目标纲要》中，新疆维吾尔自治区表示将推进新疆大学、石河子大学"双一流"建设，支持具有综合优势的高校建设特色高水平大学，加快本科高校向应用型转型发展
甘肃、云南、广西、贵州、海南、江西、内蒙古、宁夏、青海、西藏这10个省份均只有1所学校入选，其中甘肃的兰州大学有4个学科入选，云南的云南大学有2个学科入选，其余均只有1个学科入选第二轮"双一流"建设名单		

由上述表格内容可知，各地方政府在国家的"双一流"建设下都设定了极为明确的"双一流"建设目标，并对其建设给予了大力支持。由此可见，在国家"双一流"建设带动下，地方高校在优势学科及特色专业建设上将会获得来自地方政府的更多有力的政策支持，从而有助于地方高校改善办学条件，提升师资水平，增强综合实力。

总之，国家"双一流"建设的实施，将为地方高校提供难得的发展机遇和资源支持，有助于推动地方高校高等教育内涵式发展，有利于提高地方高校的人才培养质量和科学研究水平。

（三）"双一流"建设为地方高校学科建设指明了方向

国家在"双一流"建设中明确提出，加快建设世界一流大学和一流学科，加快推进地方高校优质特色发展，力争更多高校纳入国家"双一流"建设。由此可见，国家"双一流"建设为地方高校未来的发展和建设指出了明确的方向，即"优质特色发展"。因此，在"双一流"建设背景下，地方高校本着服务地方经济发展新格局的使命担当和角色定位，顺应区域经济和地方产业人才需求变化的现实需要，不断动态优化自己的学科结构，推动自身的特色学科、优势学科、优势专业的发展，从而培育重点学科，强化核心专长，不断提高自身服务地方经济发展的能力。

"双一流"建设，不仅有助于地方高校明确自身定位和发展方向，形成自身的特色和优势，还有助于推动地方高校提升自身综合实力和办学水平，从而实现可持续发展。

二、"双一流"建设背景下地方高校面临的挑战

这里的挑战，是指地方高校在特色学科建设过程中所面临的不利影响。国家"双一流"建设背景下，国家以及各地方政府部门发布了一系列关于"双一流"建设的政策与措施，给地方高校带来机遇的同时，也带来了极大的挑战。

（一）资源竞争的挑战

虽然国家"双一流"建设名单已经明确表示不再区分一流大学建设高校和一流学科建设高校，而且"双一流"重点在"建设"，而不再是人为划定身份、层次，更不是将中国高校划分为三六九等，但是在"双一流"建设颁布之前国家所实施的"211工程""985工程"等早已将高校的实力拉出了很大的差距。经过这些年的建设，重点建设的高校实力日渐强盛，而非重点建设的地方高校越来越被人忽略。尽管"双一流"建设打破了高校之间的身份壁垒，表明了各高校公平参与竞争，但在人们的传统观念以及高校自身实力对比中，"211工程""985工程"等重点高校依然竞争优势突出；而普通地方高校则竞争优势不明显。因此，无论是生源竞争还是其他资源竞争，地方高校与国家重点高校相比明显处于弱势，欠发达地区的地方高校与发达地区的地方高校相比明显处于劣势，因此大量的地方高校需要就少量的有限的教育资源进行更为激烈的竞争，尤其欠发达地区的地方高校，其发展形势不容乐观。

首先，地方高校的发展呈现出地域差异，不同省份对教育的投入差异很大，即意味着不同地区的地方高校获得的资金支持将会有明显不同。根据《中国统计年鉴2021》中的数据，全国各地区2021年一般公共预算支出（教育支出）如表2-3所示。

表2-3　各地区2021年一般公共预算支出（教育支出）　单位：亿元

序号	地区	教育支出
1	广东	3 796.69
2	江苏	2 563.41
3	山东	2 411.09

表2-3(续)

序号	地区	教育支出
4	浙江	2 039.52
5	河南	1 786.41
6	四川	1 733.04
7	河北	1 628.81
8	湖南	1 373.63
9	安徽	1 315.66
10	江西	1 249.10
11	湖北	1 201.93
12	北京	1 147.83
13	云南	1 143.30
14	贵州	1 129.35
15	广西	1 094.08
16	福建	1 079.81
17	上海	1 039.47
18	陕西	1 025.00
19	新疆	927.96
20	重庆	794.95
21	山西	778
22	辽宁	703.64
23	甘肃	661.92
24	内蒙古	641.29
25	黑龙江	570.95
26	吉林	486.96
27	天津	479.25
28	海南	295.10
29	西藏	259.13
30	青海	221.21
31	宁夏	200.01

根据 2022 年第二轮"双一流"建设高校名单,将各地区"双一流"建设高校数量和"双一流"建设学科数量整理,如表 2-4 所示。

表 2-4　2022 年第二轮"双一流"建设高校地区分布情况统计表

名次	地区名称	"双一流"建设高校数量	省属高校	部属高校	"双一流"建设学科数量
1	北京	34	3	31	91
2	江苏	16	7	9	48
3	上海	15	5	10	64
4	广东	8	5	3	21
5	四川	8	4	4	14
6	陕西	8	1	7	20
7	湖北	7	0	7	32
8	天津	5	3	2	14
9	湖南	5	2	3	15
10	黑龙江	4	1	3	12
10	辽宁	4	1	3	7
12	浙江	3	2	1	23
12	安徽	3	1	2	13
12	吉林	3	1	2	13
12	山东	3	0	3	8
16	河南	2	2	0	4
16	山西	2	2	0	3
16	新疆	2	2	0	4
16	福建	2	1	1	7
16	重庆	2	0	2	5
21	广西	1	1	0	1
21	贵州	1	1	0	1
21	海南	1	1	0	1
21	河北	1	1	0	1
21	江西	1	1	0	1
21	内蒙古	1	1	0	1

表2-4(续)

名次	地区名称	"双一流"建设高校数量	省属高校	部属高校	"双一流"建设学科数量
21	宁夏	1	1	0	1
21	青海	1	1	0	1
21	西藏	1	1	0	1
21	云南	1	1	0	2
21	甘肃	1	0	1	4

数据来源：根据第二轮"双一流"建设高校名单整理。

根据表2-3和表2-4数据，经济越发达的地区其教育资源投入越大，其入选"双一流"建设高校和一流学科建设的数量越多；反之，经济越落后的地区其教育投入越少，其入选"双一流"建设高校和一流学科建设的数量越少。经济越发达的地区，有更多的资金用于"双一流"建设的投入，其地方高校将会获得更多的资金支持从而获得迅猛的发展。

比如广东省作为我国经济大省，其2021年的教育支出排名全国第一。广东省在高等教育领域展现出了强大的实力和雄厚的资金支持。截至2023年年底，广东省拥有68所本科院校，涵盖了公办、民办、合作办学等不同类型。其中，华南师范大学在2023年预算中以16亿元的资金位居广东地方高校预算投入榜首。除了华南师范大学，预算超过10亿元的高校还有广东工业大学、广州大学、华南农业大学等。再比如拥有较强财政能力的深圳市，在教育上也是非常舍得投入。根据2022年深圳教育部门公布的预算，深圳大学获得56亿元的办学经费，已经高出中等"985工程"高校的预算了。另外，深圳职业技术学院2022年的预算为33亿元，其经费已经超过很多"211工程"高校。由此可见，经济发达地区的地方高校将会获得非同一般的资金支持，其无论是在硬件建设，还是在师资输入以及生源方面，都将远超经济欠发达地区的高校。相反，经济欠发达地区，因其经济发展水平的落后将导致其对高等教育的投入也会非常有限。比如，根据表2-3，2021年的教育支出中，教育支出排名靠后的省份，其地方高校能获得的资金支持就相当有限了。

其次，已经进入"双一流"建设名单的高校和没有进入"双一流"名单的高校，其在未来能够获得的资源支持将会有明显不同。对于未进入"双一流"建设名单且未能进入候选行列的地方高校，其生存环境将会越加艰难。

　　总之，地方高校在"双一流"建设中，不仅要面临和中央部属高校的资源竞争，还受自身所处地区经济发展水平的影响。尤其是地处经济欠发达地区的地方高校，其在"双一流"建设中，将面临与同层次兄弟院校之间就微薄的资金支持展开更为激烈的竞争。

　　（二）发展路径的挑战

　　地方高校在历经国家高等教育由精英化转向大众化的过程中，通过外延式的发展模式，在办学规模及学科门类上大都实现了量的整体扩张，并逐步向综合型大学转变。这意味着大部分高校之间在学科设置上高度趋同，其特色难以凸显。同时，地方高校在发展模式和发展路径上，有意模仿国内部属高校，从而忽略了自身真正的优势和劣势，导致其在学科发展上很难有所突破。比如，地方高校在学科设置、专业设置以及管理模式上直接照搬部属高校，在发展目标上对标部属高校科研产出、学术成果等，那么地方高校势必面临困境。如前文所述，在经费支持上，地方高校所能获得的经费支持远不如部属高校，尤其欠发达地区的地方高校就更不用说了。由经费支持所引发的其他方面，比如人才引进、生源质量等各个方面，地方高校，尤其欠发达地区的地方高校更是没法与部属高校相比。

　　因此，在国家"双一流"建设政策背景下，建设资金采用准市场化竞争配置的模式下，地方高校无论是在经费保障，还是在师资力量以及生源质量等各个方面，皆无法与部属高校相抗衡。那么，在竞争如此激烈的环境下，地方高校如何快速提升自身的综合实力，如何在众多同层次兄弟院校中脱颖而出，其势必需要摆脱传统的发展路径，转变发展思路。地方高校需要紧密结合自身的优势以及所处地区的经济发展诉求另辟蹊径，办出特色，从而形成自己独特的影响力。

第三节 "双一流"建设政策对地方应用型高校物流管理专业建设的影响

　　"双一流"建设相关政策的出台给地方高校带来了很多发展机会。在遴选"双一流"建设名单的时候，遴选标准对中央高校和地方高校是一视同仁的，很好地突破了一直以来高等院校身份固化的现象。地方应用型高校发展定位应体现在服务地方经济发展及培养地方经济发展需要的高素质应用技术型人才上，要突出地方性和应用型的双重特征。地方应用型高校在学科建设方面也应侧重发展应用性较强的专业，突出地方应用型高校的办学特色。

《关于深入推进世界一流大学和一流学科建设的若干意见》指出，要加强应用学科建设，加强应用学科与行业产业、区域发展的对接联动，推动建设高校更新学科知识，丰富学科内涵。重点布局建设先进制造、能源交通、现代农业、公共卫生与医药、新一代信息技术、现代服务业等社会需求强、就业前景广阔、人才缺口大的应用学科。

物流业属于典型的现代服务业，且物流人才是我国十二类紧缺人才之一。物流业作为国民经济社会发展的支撑性产业，自 2009 年 3 月 10 日国务院发布《物流业调整和振兴规划》以来，标志着物流业的发展在我国已上升到战略高度。继《物流业调整和振兴规划》之后，国家又相继发布了《物流业发展中长期规划（2014—2020 年）》《"十四五"现代物流发展规划》两部国家物流规划，可见物流业在我国国民经济发展中的支撑性作用和重要战略地位。物流管理专业为我国物流业的发展提供了重要的人力保障，具有较强的专业性和实践性，属于典型的应用性专业。

"双一流"建设相关政策的发布，给地方应用型高校物流管理专业建设提供了发展方向，能有效提高地方型应用高校物流管理专业人才培养的质量，对物流管理专业建设有重要积极的影响。具体表现在：第一，"双一流"建设政策进一步推动物流管理专业建设与物流行业企业对接和联动，凸显应用型人才培养的特点；第二，进一步加快物流管理专业师资队伍建设，提高物流管理专业教学质量及科研成果转换能力；第三，促进物流管理专业与大数据、人工智能、电子商务等相关学科的深度融合，培养高素质应用性复合型物流管理人才；第四，加快物流管理专业一流学科建设，提升物流管理人才培养质量。

第三章　地方高校物流管理专业 发展的现状及存在的问题

第一节　地方高校物流管理专业发展现状

一、我国物流管理专业的产生

（一）我国物流行业的发展背景

传统物流活动普遍分散在不同企业组织内部的不同职能部门之中，被认为是生产、销售等领域的附属活动，很大程度上被企业经营管理者忽略，同时也被视为"经济领域里的黑暗大陆"。"流通是经济领域里的黑暗大陆"是著名管理学家彼得·德鲁克提出的。1962 年，彼得·德鲁克在《财富》杂志上发表了题为《经济的黑色大陆》一文，强调应高度重视流通及流通过程中的物流管理。

因而，从 20 世纪 50 年代至 70 年代，美国发达国家开始重视生产经营活动中的物资管理和产品分销，开始逐渐强化对企业经营过程中的物流活动进行科学管理，通过降低物流成本进而降低企业整体经营成本，并且取得了较好的效果。

随着现代社会化大生产和专业化分工的不断发展，企业追逐"第一利润源"（第一利润源主要指挖掘生产力中的原材料等劳动对象的价值）、"第二利润源"（第二利润源主要指挖掘生产力中的劳动者的价值）的空间越来越小，物流业作为社会大生产和专业化分工的产物，进一步促进了经济的发展，被普遍认为是促进经济、社会发展的"加速器"，是企业发展过程中的"第三利润源"（第三利润源主要指挖掘组织模式的价值）。物流业的发展程度是衡量一个地区和一个国家现代化程度和市场竞争力的重要标志之一。随着经济全球化的进一步发展，物流业逐渐上升到各个国家的战略层面，正在发挥着举足轻重的作用，物流产业的现代化、国际化、规模化、网络化和信息化等趋势日益明显。

"物流"的概念最早形成于美国。1915 年阿奇·萧在《市场流通中的若干问题》一书中提到"物资经过时间和空间的转移，会产生附加价值"，即"实物流通"这一概念被首次提出。第二次世界大战期间，美国根据军事上的需要，对军火的运输、补给、存储等进行全面管理，并运用运筹学，率先采用了"logistics management"一词。战后"后勤管理"的概念被引入流通领域。1963 年物流的相关概念被引入日本，在日语中的意思是"物的流通"。20 世纪 70 年代中期，"物流"的概念从日本传入我国。

随着物流概念的引入，物流业也随着我国经济社会的发展不断发展，并越来越被重视，物流概念引入我国 20 多年后，商务部（原国家经济贸易委员会）于 2001 年 3 月 1 日印发《关于加快我国现代物流发展的若干意见》，中华人民共和国国家标准术语——《物流术语》于 2011 年 8 月 1 日也开始实施，标志着我国物流正式进入行业化、产业化发展的新阶段。

（二）物流管理专业的开设

随着物流的行业化、产业化发展，在经济、社会发展过程中发挥的作用日益凸显，物流业的发展也不断受到国家层面重视。然而在物流业蓬勃发展过程中，物流管理对人才的需求日益增长，为更好地满足我国物流业快速发展对人才的需求，教育部于 1998 年发布的普通高等学校本科专业目录（已失效）首次列入了"物流管理"（专业代码为 110210W）专业。随后，在 2001 年 3 月教育部发布的《2000 年度经教育部备案或批准设置的高等学校本科专业名单》中，北京物资学院作为在全国范围内唯一一所开设"物流管理"专业的高等学校在批准设置的名单之列，也就是说我国"物流管理"专业最早开设于 2001 年。当然，在这个时间节点之前少数高校已经开始培养物流管理的相关人才，但都不是以正式的物流管理专业开展招生，而是将物流管理有关方向作为经济学、管理学等相关专业的一个分支，对人才进行方向性培养。

二、我国物流管理专业的发展

我国物流管理专业自 2001 年北京物资学院首次开设后，随着物流业的迅猛发展以及在国民经济中发挥的作用越来越大，全国各地部分高校积极加入开设物流管理专业的行列，根据 2000—2022 年各年度经教育部备案或批准设置的高等学校本科专业名单公布结果来看，物流管理专业共开设院校 483 所，物流工程开设院校 122 所；期间撤销的物流管理专业 21 所，撤销物流工程专业 7 所。物流管理专业在我国高等学校中开设及撤销具体情况如表 3-1 所示。

表 3-1　2000—2022 年教育部备案或批准设置的物流管理高校名单

年度	教育部备案或批准设置的物流管理高校名单
2000	物流管理（1 所）：北京物资学院
2001	物流管理（6 所）：北方交通大学（北京交通大学）、北京工商大学、哈尔滨商业大学、同济大学、四川工业学院（西华大学）、长安大学 物流工程（2 所）：大连海事大学、武汉理工大学
2002	物流管理（30 所）：北京航空航天大学、中国民用航空学院、河北经贸大学、沈阳工业大学、东北财经大学、东华大学、上海海运学院（上海海事大学）、上海对外贸易学院（上海对外贸易大学）、华东船舶工业学院（江苏科技大学）、浙江大学、宁波大学、安徽大学、安徽财贸学院（安徽财经大学）、华侨大学、江西财经大学、中国海洋大学、山东财政学院（山东财经大学）、郑州工程学院（河南工业大学）、郑州航空工业管理学院、武汉大学、武汉理工大学、中南财经政法大学、中山大学、暨南大学、广东工业大学、广东技术师范学院（广东技术师范大学）、广东外语外贸大学、广东商学院（广东财经大学）、重庆交通学院（重庆交通大学）、重庆工商大学 物流工程（8 所）：大连大学、沈阳建筑工程学院、同济大学、山东大学、山东交通学院、长沙交通学院（长沙理工大学）、华南理工大学、西南交通大学
2003	物流管理（37 所）：北京师范大学、大连理工大学、华东理工大学、东南大学、山东大学、华中科技大学、西南财经大学、中国民用航空飞行学院、首都经济贸易大学、天津师范大学、石家庄经济学院、山西大学、山西财经大学、内蒙古财经学院、大连铁道学院、沈阳工程学院、长春大学、上海大学、上海水产大学、上海第二工业大学、南京财经大学、杭州电子工业学院（杭州电子科技大学）、杭州商学院（浙江工商大学）、华东交通大学、青岛大学、郑州大学、河南财经学院、武汉科技学院、湖南商学院（湖南工商大学）、广州大学、华南师范大学、重庆工学院（重庆理工大学）、成都信息工程学院（成都信息工程大学）、贵州财经学院（贵州财经大学）、云南财贸学院（云南财经大学）、西安邮电学院（西安邮电大学）、山东经济学院（山东财经大学） 物流工程（7 所）：天津大学、大连理工大学、南京农业大学、辽宁工学院、上海海运学院（上海海事大学）、山东科技大学、安徽工业大学

表3-1（续1）

年度	教育部备案或批准设置的物流管理高校名单
2004	物流管理（33所）：大连海事大学、中央财经大学、南开大学、上海财经大学、天津财经大学、石家庄铁道学院、大连轻工业学院、渤海大学、吉林建筑工程学院、长春税务学院、黑龙江八一农垦大学、哈尔滨师范大学、江苏工业学院、南京信息工程大学、浙江万里学院、浙江财经学院、安徽工程科技学院、福建农林大学、集美大学、赣南师范学院、山东科技大学、青岛科技大学、青岛理工大学、山东工商学院、郑州轻工业学院、武汉工业学院、湖南工程学院、惠州学院、深圳大学、广西工学院、广西财经学院、攀枝花学院、延安大学西安创新学院 物流工程（5所）：北京科技大学、东北林业大学、长安大学、太原科技大学、沈阳工业大学
2005	物流管理（44所）：江南大学、天津理工大学、天津工程师范学院、河北农业大学、北京化工大学北方学院、太原理工大学、沈阳理工大学、辽宁对外经贸学院、上海工程技术大学、上海商学院、上海师范大学天华学院、盐城工学院、南通大学、常州工学院、浙江海洋学院、温州师范学院城市学院、阜阳师范学院、安庆师范学院、安徽科技学院、福建理工大学、厦门理工学院、仰恩大学、东华理工学院、南昌工程学院、南昌大学、江西财经大学现代经济管理学院、莱阳农学院、临沂师范学院、安阳师范学院、南阳师范学院、长江大学、湖北经济学院、三峡大学、武汉理工大学华夏学院、怀化学院、广东工业大学华立学院、东莞理工学院城市学院、广西师范学院、广西民族大学、成都理工大学、贵州大学、陕西理工学院、西安外事学院、兰州商学院 物流工程（5所）：北京工商大学、北京邮电大学世纪学院、安徽农业大学、郑州航空工业管理学院、成都信息工程学院、
2006	物流管理（42所）：对外经济贸易大学、重庆大学、天津商学院、北华航天工业学院、唐山师范学院、河北科技师范学院、河北农业大学现代科技学院、内蒙古农业大学、沈阳航空工业学院、沈阳理工大学应用技术学院、长春大学旅游学院、佳木斯大学、上海电力学院、上海金融学院、苏州科技学院、徐州师范大学、宁波工程学院、湖州师范学院、浙江财经学院东方学院、浙江海洋学院东海科学技术学院、安徽财经大学商学院、福建师范大学协和学院、集美大学诚毅学院、福州大学至诚学院、南昌大学科学技术学院、华东交通大学理工学、东华理工学院长江学院、山东建筑大学、曲阜师范大学、菏泽学院、烟台南山学院、中国海洋大学青岛学院、黄河科技学院、武汉科技大学城市学院、长沙学院、中南林业科技大学、钦州学院、广西民族大学相思湖学院、重庆工商大学融智学院、绵阳师范学院、成都理工大学工程技术学院、石河子大学 物流工程（6所）：天津大学仁爱学院、沈阳建筑大学城市建设学院、东北大学东软信息学院、淮阴工学院、安徽农业大学经济技术学院、昆明理工大学

表3-1(续2)

年度	教育部备案或批准设置的物流管理高校名单
2007	物流管理（27所）：西南交通大学、上海海关学院、山西财经大学华商学院、内蒙古工业大学、沈阳师范大学、东北财经大学津桥商学院、长春工业大学人文信息学院、长春税务学院信息经济学院、上海建桥学院、苏州大学、江苏大学、淮海工学院、合肥学院、铜陵学院、安徽大学江淮学院、福建农林大学东方学院、九江学院、中南财经政法大学武汉学院、三峡大学科技学院、广州大学华软软件学院、桂林电子科技大学、重庆科技大学、云南大学、红河学院、西安培华学院、甘肃政法学院、新疆财经大学 物流工程（9所）：中南大学、重庆大学、河北理工大学、哈尔滨商业大学、上海机电学院、上海水产大学、北京师范大学珠海分校、华南理工大学广州汽车学院、陕西科技大学镐京学院
2008	物流管理（25所）：河北师范大学、绥化学院、皖西学院、景德镇陶瓷学院、山东师范大学、华北水利水电学院、河南农业大学华豫学院、湖北第二师范学院、武汉科技大学中南分校、湖北工业大学商贸学院、湖南科技大学、湖南涉外经济学院、华南农业大学、广东药学院、广东白云学院、桂林工学院（桂林理工大学）、琼州学院、西南科技大学、昆明理工大学津桥学院、西安翻译学院、西安财经学院、西安欧亚学院、兰州商学院陇桥学院、兰州商学院长青学院、新疆大学 物流工程（3所）：东北农业大学、鲁东大学、南华大学
2009	物流管理（29所）：华北电力大学、合肥工业大学、西南大学、河北金融学院、辽宁中医药大学、吉林工商学院、齐齐哈尔大学、黑河学院、江苏大学京江学院、南京审计学院金审学院、湖州师范学院求真学院、安徽师范大学、安徽新华学院、泉州师范学院、江西理工大学、江西蓝天学院、山东财经学院东方学院、安阳师范学院人文管理学院、襄樊学院、中南民族大学工商学院、广东培正学院、华南师范大学增城学院、中山大学新华学院、海南大学、宜宾学院、黔南民族师范学院、贵阳学院、西安交通大学城市学院、宁夏大学新华学院 物流工程（6所）：北京联合大学、河北理工大学轻工学院、黑龙江工程学院、徐州工程学院、云南财经大学、新疆大学科学技术学院
2010	物流管理（28所）：北方民族大学、天津农学院、运城学院、哈尔滨德强商务学院、哈尔滨商业大学广厦学院、金陵科技学院、南京晓庄学院、南京审计学院、苏州大学应用技术学院、苏州科技学院天平学院、浙江树人学院、绍兴文理学院元培学院、淮北师范大学、安徽师范大学皖江学院、武夷学院、江西农业大学南昌商学院、聊城大学、山东英才学院、青岛农业大学海都学院、江汉大学、湖北工业大学工程技术学院、湖北经济学院法商学院、衡阳师范学院、中山大学南方学院、广西师范大学、海南大学三亚学院、重庆师范大学涉外商贸学院、渭南师范学院 物流工程（4所）：邯郸学院、安徽工程大学、武汉科技大学、海南大学

表3-1（续3）

年度	教育部备案或批准设置的物流管理高校名单
2011	物流管理（9所）：北京化工大学、赤峰学院、黑龙江东方学院、福州外语外贸学院、青岛理工大学琴岛学院、武汉科技大学、广西民族师范学院、四川外语学院（四川外国语大学）、西京学院 物流工程（4所）：北京交通大学、石家庄学院、福州大学、广西工学院
2012	物流管理（41所）：北京印刷学院、北京石油化工学院、天津科技大学、天津理工大学中环信息学院、河北科技学院、山西农业大学、山西农业大学信息学院、渤海大学文理学院、南京邮电大学、常州大学怀德学院、杭州师范大学、安徽三联学院、安徽外国语学院、三明学院、福建江夏学院、江西科技师范大学、泰山学院、山东协和学院、青岛滨海学院、商丘师范学院、新乡学院、河南理工大学万方科技学院、河南科技学院新科学院、湖北中医药大学、武汉生物工程学院、湖北汽车工业学院科技学院、中国地质大学江城学院、华中农业大学楚天学院、湖南工学院、湖南女子学院、广东金融学院、广东科技学院、海口经济学院、重庆邮电大学、重庆第二师范学院、西南大学育才学院、云南中医学院、云南师范大学商学院、陕西服装工程学院、宁夏大学、新疆农业大学科学技术学院 物流工程（9所）：中国民用航空飞行学院、太原科技大学华科学院、南昌工学院、武汉工业学院、湖北经济学院、湖南工学院、桂林航天工业学院、成都信息工程学院银杏酒店管理学院、新疆工程学院
2013	物流管理（25所）：西南民族大学、廊坊师范学院、邢台学院、辽宁石油化工大学、牡丹江医学院、南京工程学院、南京邮电大学通达学院、嘉兴学院、宁波大红鹰学院、安徽文达信息工程学院、闽南理工学院、景德镇学院、山东万杰医学院、洛阳师范学院、中原工学院信息商务学院、湖北理工学院、湖北师范学院文理学院、湘南学院、衡阳师范学院南岳学院、北京理工大学珠海学院、成都东软学院、文山学院、西安科技大学、西北师范大学、塔里木大学 物流工程（6所）：沈阳工学院、吉林化工学院、淮南师范学院、福建农林大学、武汉长江工商学院、湖北经济学院法商学院
2014	物流管理（31所）：东北师范大学、山西大同大学、白城师范学院、常熟理工学院、三江学院、泰州学院、南京航空航天大学金城学院、江苏师范大学科文学院、浙江科技学院、浙江越秀外国语学院、潍坊学院、山东管理学院、河南大学、信阳农林学院、安阳工学院、河南工程学院、郑州科技学院、郑州工业应用技术学院、汉口学院、湖北大学知行学院、湖南财政经济学院、湖南应用技术学院、华南农业大学珠江学院、广东理工学院、梧州学院、广西工学院鹿山学院、四川文理学院、四川师范大学成都学院、成都师范学院、遵义师范学院、兰州工业学院 物流工程（11所）：河北科技大学理工学院、太原学院、辽宁理工学院、南京林业大学、宁波工程学院、蚌埠学院、安徽新华学院、阜阳师范学院信息工程学院、闽江学院、青岛恒星科技学院、长江师范学院 撤销： 物流管理（1所）：福建农林大学

表3-1（续4）

年度	教育部备案或批准设置的物流管理高校名单
2015	物流管理（21所）：唐山学院、吉林工程技术师范学院、南通大学杏林学院、淮北师范大学信息学院、福州理工学院、景德镇陶瓷学院科技艺术学院、江西师范大学科学技术学院、山东现代学院、河南科技学院、河南大学民生学院、湖南人文科技学院、湖南信息学院、广东东软学院、广西科师范学院、桂林航天工业学院、四川文化艺术学院、曲靖师范学院、云南大学滇池学院、西安航空学院、西安交通工程学院、西安财经学院行知学院 物流工程（20所）：北京印刷学院、保定学院、衡水学院、营口理工学院、哈尔滨远东理工学院、安徽科技学院、临沂大学、山东华宇工学院、中原工学院、郑州财经学院、湖北师范学院、吉林大学珠海学院、南宁学院、重庆文理学院、重庆工商大学融智学院、西华大学、内江师范学院、四川旅游学院、安顺学院、银川能源学院 撤销： 物流管理（1所）：北京航空航天大学
2016	物流管理（16所）：天津中德应用技术大学、河北大学工商学院、沈阳大学、长春理工大学光电信息学院、泉州信息工程学院、山东女子学院、河南师范大学、周口师范学院、荆楚理工学院、吉首大学张家界学院、昆明学院、滇西科技师范学院、西安工业大学、陕西国际商贸学院、陕西科技大学镐京学院、新疆大学科学技术学院 物流工程（6所）：浙江水利水电学院、华东交通大学、韶关学院、广西师范学院、重庆工商大学派斯学院、西南科技大学城市学院
2017	物流管理（13所）：太原理工大学现代科技学院、内蒙古师范大学、延边大学、池州学院、合肥学院、亳州学院、江西服装学院、河南师范大学新联学院、广州航海学院、保山学院、云南工商学院、云南经济管理学院、滇西应用技术大学、 物流工程（8所）：滁州学院、宿州学院、滨州学院、黄河交通学院、郑州工程技术学院、湖北第二师范学院、东莞理工学院、新疆农业大学 撤销： 物流管理（1所）：江南大学 物流工程（1所）：沈阳工学院
2018	物流管理（10所）：内蒙古大学、内蒙古民族大学、宿迁学院、福建商学院、豫章师范学院、郑州成功财经学院、江汉大学文理学院、汉江师范学院、茅台学院、咸阳师范学院 物流工程（5所）：山西大学商务学院、大连交通大学、安徽师范大学皖江学院、商丘工学院、西安财经学院行知学院 撤销： 物流管理（3所）：山西大学、华东理工大学长江学院、衡阳师范学院 物流工程（1所）：太原科技大学华科学院

表3-1(续5)

年度	教育部备案或批准设置的物流管理高校名单
2019	物流管理（4所）：安徽农业大学经济技术学院、深圳技术大学、兰州理工大学技术工程学院、哈尔滨信息工程学院 物流工程（1所）：河南牧业经济学院 撤销： 物流管理（2所）：广西师范大学、西安翻译学院 物流工程（1所）：浙江科技学院
2020	物流管理（4所）：武夷学院（二专）、河北民族师范学院、吉林化工学院、广西职业师范学院 物流工程（3所）：中国民用航空飞行学院（二专）、广东石油化工学院、兰州博文科技学院 撤销 物流管理（3所）：中央财经大学、中国民用航空飞行学院、西安培华学院 物流工程（1所）：湖北经济学院法商学院
2021	物流管理（5所）：武汉理工大学（二学位）、辽宁对外经贸学院（二学位）、马鞍山学院、黄冈师范学院、北京航空航天大学北海学院、 物流工程（1所）：喀什大学、 撤销： 物流管理（4所）：辽宁理工学院、华南农业大学、云南中医药大学、西京学院、
2022	物流管理（2所）：华东交通大学（二学位）、四川外国语大学成都学院 物流工程（1所）：桂林学院 撤销： 物流管理（6所）：沈阳大学、池州学院、东华理工大学、南昌大学科学技术学院、山东建筑大学、西安交通大学城市学院 物流工程（3所）：黑龙江工程学院、安徽工程大学、郑州财经学院

三、地方应用型高校物流管理专业发展现状

由于物流管理专业具有较强的应用性，开设物流管理专业的地方高校的发展定位多数为应用型，因此，本书中地方高校物流管理专业的发展现状研究主要集中在对地方应用型高校物流管理专业发展现状的研究。

（一）地方应用型高校的发展情况

1. 地方应用型高校的产生背景

随着我国高等教育的不断发展和改革，以及我国经济发展进入新常态，人才供给与需求关系发生了较大变化，面对经济结构的较大调整、产

业升级加快步伐、社会文化建设不断推进，特别是创新驱动发展战略的实施，原来的高等教育体系培养的人才与社会需要的各种专业人才存在较大的结构性矛盾，高等教育培养的人才同质化倾向严重，无法较好地满足用人单位需求，并且生产服务一线紧缺的应用型、复合型、创新型人才培养机制尚未完全建立，人才培养结构和质量尚无法适应我国经济结构调整和产业升级对人才的要求。

党中央、国务院做出重大决策，要求高等学校主动适应我国经济发展新常态，主动融入产业转型升级和创新驱动发展，坚持试点引领、示范推动，转变发展理念，增强改革动力，强化评价引导，推动转型发展的高校把办学思路重点放到服务地方经济社会发展，深度推进产教融合，培养应用型技术技能型人才上。

2015 年 10 月，教育部、国家发展改革委、财政部三部委联合发布《关于引导部分地方普通本科高校向应用型转变的指导意见》，明确提出了地方高校向应用技术型大学转型改革的主要任务和配套措施。为积极响应并落实中央政策，广东、河南、辽宁、吉林、云南、重庆等 20 多个省（自治区、直辖市）出台了引导部分普通本科高校向应用型转变的文件，从简政放权、专业设置、招生计划、教师聘任等方面制定了相关政策，为高校转型改革提供了支持。

2. 地方应用型高校的提出

随着我国高等教育将从大众化阶段向普及化阶段迈进，对高等教育类型提出了更加多样化的需求，高等教育的质量有待进一步提高，布局结构有待进一步优化的背景下，2017 年，教育部发布的《关于"十三五"时期高等学校设置工作的意见》明确提出，以人才培养定位为基础，我国高等教育总体上可分为研究型、应用型和职业技能型三大类型。其中，应用型高等学校是指主要从事服务经济社会发展的本科以上层次应用型人才培养，并从事社会发展与科技应用等方面研究的高校。根据前文对地方应用型高校的界定，地方应用型高校是指办学定位为应用型高校的地方所属高等学校，既包括地方所属的公办应用型高校，也包括民办应用型高校，地方应用型高校具有地方性和应用型双重特点。

3. 地方应用型高校的发展

为落实《国家中长期教育改革与发展规划纲要（2010—2020）》提出的"优化结构办出特色"，要建立高校分类体系，实行分类管理，在教育部的指导下，由以应用技术大学类型为办学定位的地方本科院校（简称应用技术大学）等单位发起成立了应用技术大学（学院）联盟（以下简称联盟）。联盟成立之后，截至 2016 年 10 月底，联盟已有正式会员 151 所高校，5 个其他机构，具体名单如表 3-2 所示。

表 3-2　应用技术大学（学院）联盟成员名单

序号	省份/机构	院校
1	北京（2 所）	北京城市学院、北京邮电大学世纪学院
2	上海（6 所）	上海第二工业大学、上海应用技术大学、上海电机学院、上海商学院、上海杉达学院、上海建桥学院
3	天津（3 所）	天津职业技术师范大学、天津中德应用技术大学、天津理工大学中环信息学院
4	重庆（7 所）	重庆三峡学院、重庆科技大学、重庆第二师范学院、重庆城市科技学院、重庆移通学院、重庆人文科技学院、长江师范学院
5	广东（5 所）	广东技术师范大学、广东石油化工学院、韩山师范学院、东莞理工学院、广东白云学院
6	江苏（8 所）	常熟理工学院、金陵科技学院、南通理工学院、常州工学院、苏州大学应用技术学院、三江学院、无锡太湖学院、南京理工大学泰州科技学院
7	浙江（3 所）	浙江科技学院、宁波工程学院、宁波财经学院
8	福建（9 所）	福建江夏学院、福建理工大学、厦门理工学院、莆田学院、三明学院、武夷学院、厦门华厦学院、闽南理工学院、福建师范大学协和学院
9	江西（3 所）	南昌理工学院、新余学院、赣东学院
10	湖南（4 所）	湘南学院、湖南文理学院、衡阳师范学院、湖南信息学院
11	湖北（9 所）	黄冈师范学院、荆楚理工学院、湖北理工学院、湖北医药学院、武汉生物工程学院、湖北大学知行学院、武汉东湖学院、武汉商学院、武汉华夏理工学院
12	安徽（2 所）	安徽科技学院、安徽新华学院
13	河南（17 所）	黄淮学院、郑州科技学院、郑州商学院、平顶山学院、南阳理工学院、郑州升达经贸管理学院、洛阳理工学院、中原科技学院、河南工程学院、周口师范学院、信阳学院、新乡医学院三全学院、许昌学院、信阳农林学院、新乡学院、商丘师范学院、黄河科技学院

表3-2（续）

序号	省份/机构	院校
14	山东（9所）	山东交通学院、枣庄学院、青岛滨海学院、山东英才学院、烟台大学文经学院、德州学院、滨州学院、潍坊科技学院、山东财经大学东方学院
15	山西（3所）	太原工业学院、吕梁学院、山西大同大学
16	陕西（8所）	榆林学院、西安科技大学高新学院、西安外事学院、西安思源学院、西安翻译学院、陕西国际商贸学院、西京学院、西安欧亚学院
17	河北（7所）	河北科技大学、北华航天工业学院、邯郸学院、保定学院、河北传媒学院、河北民族师范学院、华北理工大学轻工学院
18	辽宁（4所）	辽东学院、营口理工学院、沈阳工学院、大连东软信息学院
19	吉林（2所）	长春工程学院、吉林工程技术师范学院
20	黑龙江（9所）	哈尔滨石油学院、哈尔滨远东理工学院、黑龙江科技大学、黑龙江工业学院、黑龙江外国语学院、大庆师范学院、黑龙江东方学院、黑龙江工程学院、哈尔滨华德学院
21	甘肃（4所）	河西学院、天水师范学院、兰州城市学院、兰州交通大学博文学院
22	四川（4所）	宜宾学院、四川传媒学院、四川工商学院、吉利学院
23	贵州（4所）	贵州工程应用技术学院、黔南民族师范学院、铜仁学院、遵义师范学院
24	云南（8所）	滇西应用技术大学、昭通学院、曲靖师范学院、普洱学院、昆明学院、红河学院、云南工商学院、云南师范大学商学院
25	海南（2所）	海南热带海洋学院、三亚学院
26	广西（9所）	北部湾大学、贺州学院、桂林航天工业学院、百色学院、玉林师范学院、梧州学院、南宁学院、柳州工学院、桂林信息科技学院
27	内蒙古（1所）	呼伦贝尔学院
28	宁夏（3所）	宁夏大学中卫校区、宁夏理工学院、银川能源学院
29	其他机构（5个）	中兴通讯股份有限公司、宁正邦实业投资（集团）有限公司、常州市科教城管委会、宁波校企通平台管理有限公司、思科系统（中国）网络技术有限公司

与之相关的应用型高校联盟还有各个地区的联盟组织，比如：中德应用技术大学联盟、四川省应用型本科高校联盟、安徽省应用型本科高校联盟、长三角地区应用型本科高校联盟、浙江省应用型本科高校联盟、湖北省应用型高等学校联盟、山西省应用型高等学校联盟、吉林省地方本科高校转型发展联盟、广西应用型本科高校联盟、云南省应用型高校联盟等。

在我国政府及各应用技术型高校联盟组织的推动下，我国地方应用型高校队伍不断壮大。笔者通过对各地区推动高校向应用型高校转型发展的有关数据整理得到地方应用型高校名单如表3-3所示。

表3-3　地方应用型高校名单

序号	省份	院校
1	北京	北京工业大学、北京联合大学、北京石油化工学院、首钢工学院
2	天津	天津职业技术师范大学、天津中德应用技术大学、天津商业大学河北北华航天工业学院、河北科技师范学院、石家庄学院、保定学院、河北民族师范学院、河北大学工商学院、河北科技大学理工学院、河北传媒学院、燕京理工学院、河北外国语学院
3	山西	太原工业学院、山西传媒学院、山西工程技术学院、山西能源学院、山西应用科技学院、山西大学商务学院、山西大同大学、吕梁学院
4	内蒙古	内蒙古医科大学、内蒙古科技大学、内蒙古农业大学、内蒙古科技大学包头医学院、赤峰学院、呼伦贝尔学院、河套学院、集宁师范学院、内蒙古鸿德文理学院、黑龙江科技大学、牡丹江医学院、哈尔滨学院、齐齐哈尔医学院、黑龙江工程学院、黑龙江东方学院、大庆师范学院、绥化学院、黑河学院
5	吉林	吉林工程技术师范学院、长春光华学院、吉林工商学院、吉林农业科技学院、吉林动画学院、吉林建筑大学城建学院、长春建筑学院、长春科技学院、白城师范学院
6	辽宁	沈阳工业大学、沈阳航空航天大学、辽宁科技大学、辽宁工程技术大学、辽宁石油化工大学、沈阳化工大学、辽宁工业大学、大连海洋大学、沈阳师范大学、渤海大学、沈阳城市建设学院、沈阳大学、沈阳工程学院、沈阳工学院、沈阳城市学院、辽宁科技学院、辽东学院、大连财经学院、大连东软信息学院、营口理工学院、辽宁对外经贸学院
7	河南	郑州轻工业学院、河南工业大学、河南理工大学、河南师范大学、黄淮学院、洛阳理工学院、许昌学院、黄河科技学院、安阳工学院、周口师范学院、平顶山学院、河南工程学院、河南牧业经济学院、信阳师范学院、安阳师范学院、商丘师范学院、南阳师范学院、南阳理工学院

表3-3（续1）

序号	省份	院校
8	湖北	武汉学院、武汉纺织大学、武汉轻工大学、湖北师范大学、湖北汽车工业学院、湖北工程学院、湖北理工学院、湖北医药学院、武汉生物工程学院、武汉商学院、荆楚理工学院、武汉东湖学院、武汉工程科技学院、黄冈师范学院、武汉华夏理工学院、湖北经济学院、湖北文理学院、湖北科技学院、武汉工商学院、武昌工学院、文华学院、武昌首义学院、武汉设计工程学院、湖北商贸学院、武汉传媒学院、武汉晴川学院、华中师范大学武汉传媒学院、湖北大学知行学院
9	湖南	湖南工业大学、湖南师范大学、湖南农业大学、南华大学、湖南工程学院、湖南工学院、湖南城市学院、湖南文理学院、湖南信息学院、湘南学院、怀化学院、长沙学院、邵阳学院、湖南财政经济学院、湖南医药学院、湖南人文科技学院
10	山东	山东建筑大学、潍坊医学院、济宁医学院、德州学院、滨州学院、临沂大学、泰山学院、菏泽学院、山东体育学院、枣庄学院、山东工艺美术学院、潍坊学院、山东警察学院、山东交通学院、山东工商学院、潍坊科技学院、山东协和学院、山东政法学院、齐鲁师范学院、山东青年政治学院、滨州医学院、聊城大学、鲁东大学、济宁学院、山东艺术学院、齐鲁医药学院、青岛滨海学院、山东女子学院、山东英才学院、青岛恒星科技学院、青岛黄海学院、山东现代学院、山东华宇工学院、齐鲁理工学院、山东管理学院、山东农业工程学院
11	上海	上海第二工业大学、上海工程技术大学、上海应用技术大学、上海电机学院、上海电力大学、上海理工大学、上海中医药大学、上海建桥学院、上海杉达学院、上海立信会计金融学院、上海商学院、天华学院、上海视觉艺术学院、上海体育学院
12	江苏	常州大学、江苏科技大学、江苏师范大学、南京工程学院、常州工学院、金陵科技学院、常熟理工学院、江苏理工学院、南京晓庄学院、无锡太湖学院、三江学院
13	浙江	浙江万里学院、浙江树人学院、宁波工程学院、宁波财经学院、衢州学院、浙大城市学院、浙大宁波理工学院、浙江工业大学之江学院、浙江财经大学东方学院、浙江科技学院、浙江传媒学院、嘉兴学院、绍兴文理学院、湖州师范学院、台州学院、丽水学院、浙江水利水电学院、浙江农林大学暨阳学院、温州理工学院、湖州师范学院求真学院

表3-3(续2)

序号	省份	院校
14	安徽	滁州学院、合肥师范学院、合肥学院、黄山学院、皖西学院、铜陵学院、宿州学院、安徽新华学院、安徽科技学院
15	福建	福建理工大学、厦门理工学院、泉州师范学院、闽江学院、宁德师范学院、莆田学院、三明学院、龙岩学院、武夷学院、福建江夏学院、福建技术师范学院、闽南理工学院、福州外语外贸学院、泉州信息工程学院、阳光学院、福州理工学院、福州大学至诚学院、福建农林大学金山学院、集美大学诚毅学院、厦门工学院、闽南科技学院、福州工商学院（福建农林大学东方学院）、厦门华厦学院
16	江西	南昌航空大学、景德镇陶瓷大学、新余学院、宜春学院、萍乡学院、江西服装学院、南昌工学院、江西应用科技学院、华东交通大学理工学院、江西中医药大学科技学院
17	陕西	陕西商洛学院、安康学院、西安文理学院、咸阳师范学院、陕西学前师范学院、陕西服装工程学院、陕西国际商贸学院、西安培华学院、西安思源学院、西安欧亚学院、西安翻译学院、西安交通大学城市学院、西安科技大学高新学院
18	甘肃	甘肃天水师范学院、兰州城市学院、河西学院、陇东学院、兰州工业学院、兰州文理学院、兰州交通大学博文学院、兰州理工大学技术工程学院
19	重庆	重庆科技大学、重庆第二师范学院、重庆三峡学院、重庆人文科技学院、重庆大学城市科技学院、重庆邮电大学移通学院
20	四川	西南石油大学、成都理工大学、四川理工学院、西华大学、四川农业大学、西昌学院、西南医科大学、成都中医药大学、川北医学院、四川师范大学、西华师范大学、绵阳师范学院、内江师范学院、宜宾学院、四川文理学院、乐山师范学院、成都体育学院、四川音乐学院、成都医学院、四川民族学院、四川警察学院、成都学院（成都大学）、成都工业学院、攀枝花学院、成都师范学院、成都东软学院、四川传媒学院、四川工商学院、成都文理学院、四川文化艺术学院、四川电影电视学院、四川大学锦城学院、电子科技大学成都学院、成都理工大学工程技术学院、西南财经大学天府学院、成都信息工程大学银杏酒店管理学院、四川外国语大学成都学院、西南交通大学希望学院、西南科技大学城市学院
21	贵州	贵州工程应用技术学院、黔南民族师范学院、铜仁学院、遵义师范学院、六盘水师范学院

表3-3(续3)

序号	省份	院校
22	云南	滇西应用技术大学、昆明学院、楚雄师范学院、红河学院、保山学院、普洱学院、昆明理工大学津桥学院、云南师范大学商学院、云南工商学院、云南经济管理学院
23	广东	广东财经大学、广东金融学院、广东石油化工学院、惠州学院、岭南师范学院、广东技术师范学院、肇庆学院、五邑大学、吉林大学珠海学院、北京师范大学珠海分校、电子科技大学中山学院、北京理工大学珠海学院、中山大学南方学院、广东白云学院
24	广西	广西桂林航天工业学院、百色学院、玉林师范学院、河池学院、广西财经学院、贺州学院、钦州学院、梧州学院、广西民族师范学院、广西外国语学院、南宁学院、广西大学行健文理学院、广西师范大学漓江学院、广西民族大学相思湖学院、桂林电子科技大学信息科技学院、桂林理工大学博文管理学院、广西中医药大学赛恩斯新医药学院、广西科技大学鹿山学院、广西师范学院师园学院
25	海南	海南热带海洋学院、三亚学院、海口经济学院

　　随着我国高等教育的跨越式发展，并逐步迈入普及化阶段，地方应用型高校在我国高等教育体系中起着承上启下的重要作用，已成为建设高等教育强国不可或缺的重要力量。地方应用型高校的发展必须始终坚持以习近平新时代中国特色社会主义思想为指引，站在全面建设社会主义现代化国家、全面推进中华民族伟大复兴的战略高度，围绕社会发展需要、贴合地方经济产业需求，定位培养胜任各行各业需要的优秀职业人，积极探索应用型人才育人模式，培养一支当地用得上、留得住、用得好的高素质人才队伍，同时不断探索，形成具有推广意义的现代化教育模式。

　　(二)地方应用型高校物流管理专业的发展情况

　　物流活动涉及各行各业，物流行业属于我国国民经济的基础性、支撑性产业，物流管理专业属于跨学科专业，其专业性和应用性都很强。从物流管理专业的发展来看，我国有较多高等学校开设了物流管理、物流工程、采购管理、供应链管理等相关专业，其中物流管理专业开设的数量最多。地方应用型高校作为我国高等教育体系的重要组成部分，为我国经济发展和腾飞培养了大量创新性、应用技术型人才，特别为我国地方经济的发展做出了巨大贡献。开设物流管理专业的地方应用型高校较多，其物流管理专业侧重于培养能够适应地方经济和产业发展需要的高层次、创新性应用型物流人才。

在全国产教融合相关政策深入推进过程中，地方应用型高校物流管理专业得到了较好、较快发展。物流管理专业发展进一步明确了发展方向和发展路径，积极融入当地经济的发展，有意识地围绕中国制造2025、共建"一带一路"、京津冀协同发展、长江经济带建设、区域特色优势产业转型升级、社会建设和基本公共服务等重大战略发展专业特色，一定程度瞄准当地经济社会发展的新增长点，形成人才培养和技术创新新格局。

同时，在物流管理人才培养模式方面，地方应用型高校物流管理专业进一步强化校企合作，不断创新校企合作模式，进一步增加校企合作的广度和深度；积极探索更优化的人才培养模式；具体从地方应用型本科物流管理专业人才培养方案的制订、课程体系设置、师资队伍建设、实践教育、校企共同育人等方面进行了积极的探索，并取得了较好的成效。

第二节　地方应用型高校物流管理专业建设中存在的问题

在进一步深化产教融合、加快地方高校向应用技术型大学转型发展及"双一流"建设的背景下，地方应用型高校物流管理专业建设取得了一定成效，培养了大量具有较高素质、一定创新能力的应用型物流人才，但地方应用型高校在物流管理专业建设中也面临不小的挑战，存在诸多问题，具体表现在人才培养定位、师资队伍、课程体系、实践教学、教学方式、专业教材等方面。

一、人才培养定位存在的问题

（一）人才培养目标雷同，且不够具体

根据物流管理教学质量国家标准的规定，物流管理专业人才培养目标为：培养树立社会主义核心价值观、具有高度的社会责任感和使命感、良好的科学文化素养和国际视野，较系统地掌握物流学科相关专业理论与方法，具备较强的创新精神、创业意识和一定的创新创业能力，能够在物流管理、采购管理及相关领域从事科学研究、应用实践等工作的复合型专门人才。

通过了解大量地方应用型高校物流管理专业的人才培养目标，发现多数地方应用型高校仅围绕国家标准的基本要求，比较笼统地确定了物流管理专业人才培养目标，并没有结合学校自身的定位、学科的特色和优势以及地方经济的发展对物流人才的需求，去细化物流管理专业的人才培养目标。

（二）没有凸显应用型人才培养的定位

笔者通过查阅开设有物流管理专业的各个高校相关资料，发现不管是应用型高校还是非应用型高校，物流管理专业的人才培养目标都基本集中在培养具有一定理论基础，能够在政府有关部门、物流相关企事业单位从事物流规划与管理的人才。虽然这样的目标没有明显的错误，但也无法区分地方应用型高校和研究型高校对于物流管理人才培养的区别，地方应用型高校对物流管理专业人才培养目标定位并没有凸显应用型人才的培养。

二、师资队伍存在的问题

（一）师资队伍专业结构不合理

由于我国物流行业发展比较晚，物流管理专业是在 2003 年才开始陆续在各大高校开设。因此，物流管理专业的教师大多数不是物流管理专业出身，而是从传统的经济学、管理学等专业方向转行过来的，这部分教师对物流管理相关的专业知识掌握得不够全面，对物流行业的发展认识不到位，对物流活动的具体开展，物流实际项目的运营管理，物流领域的新技术、新方法等方面的了解比较欠缺。

（二）"双师型"教师比例虚高

2018 年 1 月 20 日，中共中央、国务院发布的《中共中央 国务院关于全面深化新时代教师队伍建设改革的意见》中提出"双师型"教师。对"双师型"教师的解释主要有两种：一是"双职称型"，即教师在获得教师系列职称外还需要取得另一职称；二是"双素质型"，即教师既要具备理论教学的素质，也应具备实践教学的素质。

教育部制定的《本科层次职业教育专业设置管理办法（试行）》中明确提出，本专业的专任教师中，"双师型"教师占比不低于50%。来自行业企业一线的兼职教师占一定比例并有实质性专业教学任务，其所承担的专业课教学任务授课课时一般不少于专业课总课时的20%。多数地方应用型高校物流管理专业师资队伍达不到"双师型"教师占比不低于50%的标准，有些甚至与标准的差距还较大，为了提高"双师型"教师的比例，将只要通过相关专业职业证书认证考试的教师，认定为双师教师，其实这类教师相对缺乏企业工作经历和实践经验，只是获得了相关职业证书。因此被认定的"双师型"教师并非真正意义上的双师教师，"双师型"教师的比例存在虚高现象。

（三）行业企业技术人员没有被真正纳入师资队伍

虽然地方应用型高校在师资队伍建设过程中有意识地考虑行业企业技术人员的参与，但大多数地方应用型高校对行业企业技术人员纳入师资队伍的认识还不够充分，有的停留在口号上，有的虽然开始聘用行业企业技术人员和高级管理者，但完成聘用后，这些人员并没有实际参与到教学工作、实习指导或论文指导工作中去，对行业企业人员的聘用和参与有关教学活动并没有形成长效机制。

三、课程体系存在的问题

（一）课程体系缺乏特色和创新

我国较早的物流管理专业开设于21世纪初，随着物流业发展逐渐壮大并不断上升到国家战略层面，国内很多高校陆续开设物流相关专业，早期大多数高校物流专业的课程体系参考几所较权威高校的课程体系，如北京物资学院、大连海事大学、北京交通大学等，没有突出学校自身的办学定位和办学特色，更没有重视结合地方经济发展的需要。此外，因各高校物流专业设置在不同的院系，课程开设过于依赖现有师资，在院系现有专业结构基础上，开设统一的专业基础课程，比如管理学、经济学、数学、统计学、管理信息系统、运筹学等，没有考虑物流管理专业课程开设需要，进而为后期专业核心课的开设增加了难度。近年来国家和地方倡导高校教育向应用型转型，深化产教融合，推进专业群建设，物流管理属于应用性较强的专业，虽然在课程体系构建时已经意识到相关企业对物流人才的需求。相关调查显示，81.82%的高校在课程体系设置时有企业或行业的参与，其中89%的学校仅有1~3家企业参与，11%的学校有4~6家企业参与，且参与方式最主要是调查，其次为研讨，邀请企业或行业专家对课程体系进行评审的不多。因此，课程体系建设实际参与企业较少且参与方式单一，不一定能代表物流企业及行业的真正需求，对接地方经济发展需要还需进一步加强。

（二）专业教育平台课程内容重复

物流管理课程体系构建多数追求"大而全"，除几门专业核心课之外，还开设了大量以物流命名的课程，且因相互参考现象明显，专业课程设置整体比较烦琐。部分专业课程之间内容存在大量重复，比如与专业核心课程重复较明显的课程有第三方物流管理、企业物流管理、国际物流等，同一知识点在不同课程均有讲授，给教师备课和学生学习增加了负担。此外，重复内容也占用了一定量的专业学时，从而压缩了学生学习更多有用知识的空间，浪费了学习资源。

（三）重理论而轻实践

物流管理专业属于实践性较强的专业，但部分高校开设的专业课程则侧重于理论课，实验实训课开设不足，实践学分占总学分的比例较低。通过调查，物流专业开设的主要实验实训课集中在 ERP 操作实训（含 TMS、WMS 等）、物流作业操作实训及物流仿真实训这三门课程，实践环节除实验实训课外，主要设置了认知实习、毕业实习和毕业论文等必要的实践环节。调查对象中，实践学分占总学分比重在 21%~30% 区间的学校占 64%，在 15%~20% 区间的学校占 18%，在 31%~40% 区间的学校占 18%。尽管近几年国家对专业课程开设提出提高实践课程学时、学分占比的要求，各高校也积极响应国家要求大力倡导增设实验实训课程，但因校内实训条件有限，校外实践基地严重不足，部分应要求新增的实验实训课程流于形式，无法有效落实。甚至少数高校为了满足国家对实践学时、学分比例的要求，将部分理论课变相调整为实训课现象，物流管理课程体系重理论轻实践的现象短期内无法改变。

（四）物流先进技术领域课程开设不足

随着人工智能、机器人、大数据等技术的迅速发展，且在物流领域的应用越来越广泛，物流先进技术的掌握逐渐成为物流人才能力结构的重要部分，而目前各高校的物流先进技术相关课程开设明显不足。约 90% 的高校现开设了数据分析相关课程，仅 9% 的高校开设了人工智能相关课程，18% 的高校开设了物联网相关课程，尽管多数高校已经意识到课程开设应随着物流发展方向进行调整，但因师资等其他课程开设条件的限制，该领域课程开设的数量和质量还有待进一步提升。

综上所述，现有物流本科专业现有课程体系整体上基本符合《普通高等学校本科专业类教学质量国家标准》的要求，但是普遍存在雷同现象，个性化、特色化不明显；与实际需求相比，还缺乏适应现代物流所需的大数据、人工智能等方面的现代信息技术课程；同时，实验实践课程的安排还缺乏科学性，较难适应地方经济及产业集群发展需求。

四、实践教学存在的问题

物流管理专业实践教学环节主要包括校内实验实训课程、校外实习基地实习、学科技能竞赛以及毕业论文等。具体存在的问题如下：

（一）实验实训课程开设不足

目前大多数地方应用型高校物流管理专业校内实验实训课程开设不足，主要原因是校内实验实训师资缺乏及实验实训设备不完善。目前大多数地方应用型高校物流管理专业校内实验实训课程任课教师多为自有教师，根据前面对物流管理专业现有师资团队的分析，多数教师是从经管类专业转行过来的，并不具备物流行业相关工作经历，也很少有物流运营管理实践经验，较难承担物流管理实验实训课程的教学工作。部分地方应用型高校物流管理专业实验实训设备要么比较陈旧，要么没有，导致校内实验实训课程开设的难度更大。

虽然近年来，地方应用型本科物流管理专业校内实验实训课程开设有逐年增加的趋势，并在持续完善校内实验实训课程需要用到的物流硬件设备（如自动化立体库、托盘货架、电动叉车、托盘、包装及计量相关设备等）和软件（如仓储管理系统 WMS、运输管理系统 TMS、配送管理系统 DMS、ERP、虚拟仿真软件等），较多地方应用型高校响应国家对高素质应用型物流人才培养的要求，建设了智慧物流实训室、虚拟仿真实训室、物流信息管理系统 ERP 实训室等。

但大多数地方应用型高校在建设物流管理实验实训室时，根据现有教师特别是目前承担实验实训课程的相关教师提出的实验室建设要求，再结合市场上一些物流实验实训室建设方的意见来开展实验实训室的建设。由于现有任课教师本身的实践能力不强，对实验室建设提出的要求也不够具体，多数情况就是最后还是主要根据建设方的建议来建设的。而目前市场主要的物流管理实验室建设方要么很专业，提供的服务也好，但建设费用高；要么建设方本身也不专业，对物流管理实验实训建设的目标、要求和如何开展教学工作等认识并不充分、不到位，但建设费用较低。迫于成本控制，多数高校选择后者进行建设，主要解决一个有无的问题，导致最后结果是建了实验实训室，但还是不能很好地用来开展物流相关实验实训课程，有些实验室甚至不适合教学，只适合简单参观，并不能充分发挥实验实训的作用。

虽然校内实验实训课程开设门数在增加，校内的实训条件在改善，但部分实验实训课程的开设难度确实较大，既对任课教师有较高的要求，又需要结合企业真实案例，还要用到必要的实验硬件和软件，导致物流管理专业校内实验实训课程开设不足。

(二) 校外实习基地实习效果不理想，学生意见较大

物流管理专业本身为实践性较强的专业，各地方应用型高校对物流管理专业的实践教育总体上看还是比较重视，各高校积极建设物流管理校外实习基地，这些校外实习基地普遍用来开展物流管理专业学生的认知实习、专业实习和毕业实习环节的教学工作。但根据笔者多年带物流管理学生到校外实习基地开展实习工作的观察，学生对认知学习和专业实习及毕业实习这两个阶段的感受不同。认知实习主要是参观学习，通常安排学生到物流企业参观物流中心、配送中心，并结合企业工作人员的讲解，了解物流企业基本的物流设施设备、物流作业流程、物流相关岗位设置及物流企业管理制度等，学生整体比较满意；但随着专业实习和毕业实习工作的开展，因为大多数情况下，物流企业都是在一些大促活动期间对劳动力的需求激增，多数应用型高校物流管理专业的认知实习和毕业实习也是在"618""双11""双12"等特殊时期开展的，实习学生普遍反映实习期间工作强度太大，实习工作也很枯燥，就是从事一些简单、高强度的体力劳动，根本学不到真正的专业知识，学生对专业实习和毕业实习的意见普遍较大。

(三) 毕业论文实践性不够，缺乏一定创新性

地方应用型高校物流管理专业学生按要求均需完成毕业论文才能获得相应学位，根据目前地方应用型本科物流管理专业学生完成的毕业论文及答辩情况看来，绝大多数毕业论文的研究内容重理论阐述而轻实践应用，缺乏必要的数据支撑，定性分析较多，定量分析不足。有少数毕业论文是围绕物流相关企业的具体情况展开的，但重要观点的阐述过多依赖前人的研究成果，而对具体研究企业物流活动开展中存在的问题针对性不强，缺乏一定的创新性，对企业实际的生产活动优化作用不大。

(四) 对学科技能竞赛重视程度不够，学生参赛效果不理想

学科技能竞赛在专科、高职学校得到较高重视，但在本科层次学校里，重视程度大不相同，有的地方应用型高校很重视学科技能竞赛，而有

的却延续传统高等学校的观点，即竞赛是专科学校和职业学校的事，本科层次学校不应该过度关注。所以部分地方应用型高校对学生参加学科技能竞赛不重视，不对学科竞赛进行充分的宣传和通知，也不要求专业教师对学生进行指导，导致物流管理专业学生对参加学科技能竞赛比较盲目，参赛的收获也比较有限。

五、教学方式存在的问题

（一）教学方式比较单一，无法满足物流管理专业课程教学需要

虽然现在强调以学生为中心的教学模式，但由于以教师为中心的教学模式的观念已经根深蒂固，以教师为中心的教学模式明显已无法满足现在学生的听课要求，加上物流管理专业课程本身偏实践多一些，采用纯讲授会使课堂显得比较枯燥，学生的学习兴趣和参与积极性普遍不高。虽然授课老师也有意识地采用了案例分析、讨论式、启发式、翻转课堂等比较新的教学方式，来增强课堂的互动性和趣味性，但由于物流管理专业较多专业课程需要进行实践活动，学生才能够真正了解有关知识和其中的逻辑联系，所以传统讲授为主的课堂教学效果并不那么令人满意。

（二）教学过程中对物流有关数字化教学资源重视程度不够

由于物流管理相关专业课程的实践性较强，仅按照教材进行相关理论的讲解教学效果较差，需要教师在课程教学中利用各种数字化教学资源比如数字化案例库、物流有关活动及设备使用等视频、优质的同类型线上课程、物流相关国家标准和政策等，这些数字化教学资源一定程度上丰富了课堂教学内容，提升了学生学习的主动性和积极性。笔者通过调查发现，目前多数物流管理专业课程教学对数字化教学资源的重视程度不够，加上教师的观念没有随时更新，多数还处于仅围绕教材内容进行授课的情况，对物流相关数字化教学资源利用不充分。

六、专业教材存在的问题

（一）物流管理专业教材较少

由于物流管理专业开设较晚，物流相关领域的理论研究还有很多的发展空间，物流管理相关专业教材就是其理论研究的重要部分。与其他传统专业（如会计、国际贸易、人力资源管理、旅游管理等）相比，物流管理专业教材种类和数量相对较少。

（二）物流管理专业教材内容重复现象明显

通过对物流管理专业有关教材的查阅，笔者发现物流管理专业相关教材普遍追求"大而全、小而全"，无论是物流管理基础、仓储管理、配送管理、运输管理，还是物流中心规划设计、第三方物流、国际物流等有关教材，基本包含了物流所有的功能要素和物流活动领域，希望将物流有关的内容都写进教材里，但大部分知识介绍仅仅是点到为止，而没有深入地将某个领域或物流某个环节的情况进行系统且清楚的阐述。这导致任课教师上课过程中发现同样的知识在不同的课程教材里反复出现，而真正重要的一些专业知识反而没有相应的教材对其深入讲解。

比如：仓储相关的知识点在仓储管理相关教材中有涉及，在物流中心规划与设计、配送管理等相关教材中也有讲到，而且大多都围绕仓储的相关概念、流程、仓储相关设备、仓储管理方法、仓储规划设计等方面进行阐述，各教材对知识讲授的侧重点没有明确的区分。仓储管理相关教材应侧重阐述仓储管理活动的详细逻辑、仓储管理方法和技术；物流中心规划与设计教材则应侧重阐述仓库、配送中心、物流中心等的规划设计、规划方法和技术。

（三）物流管理专业教材引用的案例普遍实用性不强

目前大多数的物流管理专业教材里都引用了一定的案例资料，表面上看起来教材的应用性提高了，但实际上，教学过程中发现这些案例的实用性不强，大多引用的案例仅仅只能作为一份拓展资料供学生了解，较难将所学知识与案例内容进行结合，不能通过引用案例有效地将理论知识应用于实践中。

第四章　一流专业的建设目标与标准

第一节　一流专业的定义和特征

一、一流专业的定义

2019 年 4 月，教育部办公厅颁布了《关于实施一流本科专业建设"双万计划"的通知》（以下简称《通知》）。《通知》明确提出，为了深入落实全国教育大会和《加快推进教育现代化实施方案（2018—2022 年)》精神，贯彻落实新时代全国高校本科教育工作会议和《教育部关于加快建设高水平本科教育全面提高人才培养能力的意见》、"六卓越一拔尖"计划2.0 系列文件要求，推动新工科、新医科、新农科、新文科建设，做强一流本科、建设一流专业、培养一流人才，全面振兴本科教育，提高高校人才培养能力，实现高等教育内涵式发展，启动一流本科专业建设"双万计划"。由此可知，教育部启动一流本科专业建设的"双万计划"，旨在做强一流本科教育，提高高校人才培养能力和实现高等教育内涵式发展。由此，一流本科专业建设成为各个高校努力推进和建设的重点工作。

什么是一流本科专业？一流本科专业，简称一流专业，是指教育部以一流本科教育为基础实施"双万计划"建设的本科专业，分为国家级一流本科专业、省级一流本科专业、校级一流本科专业。关于一流专业的定义，学术界众说纷纭，但大致集中在以下几个方面：第一，关于"一流专业"的范围界定。学者们认为，"一流"应当是一个比较的结果，一个范围的概念。比如沈红教授认为"一流"可以是一个纵向的概念，即最好的那一个层次。通过纵向比较，这个"一流"虽然不唯一，但一定指的是一个特别优秀的极少数群体。同时，"一流"也可以是一个横向的概念，即在一个特定的范围内进行比较之后确定的一个结果。比如世界一流、区域一流、国家一流以及校级一流等。第二，关于"一流专业"建设的本质和目的。刘炯天认为，一流专业建设，无论是为了教育强国，还是为了服务地方经济发展，其本质都是内涵建设。陈治亚强调，一流专业的建设，是为国家、行业和区域培养一流人才。这一点与教育部办公厅颁布的《关于实施一流本科专业建设的"双万计划"的通知》中的意思一致。第三，关于"一流专业"建设对各个高校的好处。廖祥忠等认为"一流专业"建设是各层次各类型的高校在"双一流"建设大背景下抓住时代机遇的最好办法。尤其是未能入选"双一流"建设但渴望在未来入选"双一流"建设的高校，若能在专业建设上狠下功夫，不断地凝练专业特色，集中优势资源打造数个"一流专业"，并发展出自己的专业特色，势必能为学校未来入选"双一流"建设创造更多的机会。

本书所研究的一流专业更多的是针对地方高校，尤其是为地方经济发展培养高素质综合型应用型人才的应用型地方高校。因此，本书所指的一流本科专业，主要指地方高校的一流本科专业，可以是国家级一流专业，也可以是省级一流专业，还可以是校级一流专业，又或者是尽管目前尚未被评选为各类一流但却是以"一流"为目标而正在努力建设中的本科专业。

二、一流专业的特征

什么样的专业可以称为"一流专业"，以及"一流专业"应当具备什么样的明确特征等问题，教育部颁布的相关文件并没有做出明确的说明和规定。因此，本书只能根据教育部办公厅颁布的《关于实施一流本科专业建设"双万计划"的通知》中有关报送专业所需要具备的条件等初步梳理出一流专业的特征，大致有如下几点。

（一）优质的教学质量

教学质量是建设一流专业的核心。一流专业应该注重学生综合素质和创新能力的培养，通过优质的教学内容、方法和先进的技术手段，培养学生的创新思维、实践能力和团队协作精神。同时，一流专业应该建立完善的教学质量保障体系，加强教学管理、质量监控和评价反馈，确保教学质量的持续提高。一流专业应当保证所培养的学生在行业中有很高的认可度，并有着良好的社会整体评价。

（二）师资力量雄厚

学校拥有一流的学科带头人和优秀的师资队伍，是建设一流专业的首要条件。学科带头人应该具备国际先进的学术视野和创新思维，能够在学科领域内取得重大突破和突出成果，能够带领教师团队不断地锐意改革、不断地更新教育理念。同时，一流专业建设必须不断加强师资队伍和基层教学组织建设，并在教师群体中广泛开展各种教学研究活动，从而打造一流的师资教学团队，提升教师团队的教学水平、科研能力和行业经验，从而能够为学生提供优质的教育教学服务。

（三）强大的科研实力

科研实力是一流专业的重要标志之一。一流专业应该具备承担国家及地方重大科研项目的能力和条件，取得一系列重要的科研成果，并能够将科研成果转化为教育教学内容和资源，推动学科的不断发展。同时，一流专业应该加强与行业、企业和社会的联系与合作，不断开展应用研究和科技开发，为经济社会发展做出贡献。

（四）紧密的社会服务

一流专业应该紧密结合社会需求和发展，为国家和地方经济发展、社会进步和国际交流合作做出贡献。一流专业应该建立完善的社会服务机制，加强与政府、企业和社会的联系与合作，提供智力支持、咨询服务和文化引领等多种形式的社会服务，促进经济社会的可持续发展。

（五）良好的社会声誉

社会声誉是一流专业的关键特征之一。一流专业应该具有较高的社会认可度和国际声誉，受到社会的广泛欢迎和认可。这不仅需要一流专业在学科建设、教学质量和科研实力等方面具备较高的水平，还需要积极参与社会公益事业和公共事务，发挥专业优势和特色，为社会发展做出积极贡献。

第二节　地方高校物流管理类一流专业的建设目标

教育部办公厅颁布的《关于实施一流本科专业建设"双万计划"的通知》（以下简称《通知》）中，已经明确提出 2019—2021 年建设 10 000 个左右国家级一流本科专业点和 10 000 个左右省级一流本科专业点。同时，在建设原则中，明确指出本次一流专业"双万计划"是面向各类高校、面向全部专业、突出示范领跑，以及分赛道进行。而且，还特别指出，中央部门所属高校、地方高校名额分列，向地方高校倾斜。因此，根据《通知》中所列建设原则可知：第一，一流专业建设相关政策会向地方高校倾斜，即意味着地方高校一流专业建设将拥有很大的机会。第二，物流管理类专业作为新文科示范性本科专业，将在一流专业建设中迎来巨大的发展机会。第三，地方高校的物流管理类专业与地方经济社会的发展有着紧密的关联，若能够在专业建设中进一步优化专业结构、提升专业建设质量，推动形成高水平人才培养体系，将有望在区域经济社会发展中建成独具特色的一流本科专业。

为了能够更好地建设物流管理类一流专业，本书结合《通知》中有关实施一流本科专业建设"双万计划"的相关目的、建设原则及报送条件等，梳理总结出地方高校物流管理类一流专业的初步建设目标。

一、专业定位要明确

地方高校的物流管理类专业，一定要紧密结合学校的发展定位及学校所在区域的经济社会发展的需要来进行定位，从而保证该专业所培养的学生服务面向清晰，能够在就业市场上有较强的竞争力。地方高校物流类专业在专业建设上可以向中央部属高校的物流类专业建设进行学习借鉴，但切忌直接照搬。中央部属高校，作为中央政府直接管理或委托管理的重点高校，办学实力强、办学资源丰富、师资力量雄厚、学生生源质量高，且在国内外享有较高的声誉和影响力。这些高校通常具有较为突出的学科优势和特色，注重高层次人才培养和科学研究，承担着为国家培养高级人才和进行科技创新的重要任务。而地方高校则是指由地方政府管理的高校，其办学层次和水平因地区而异。若是处于欠发达地区，则其办学资源和办学实力都相对较弱。因此，地方高校需要更加注重地方经济和社会发展需求，注重应用型人才的培养，以及与当地企业的合作和联系。因而，地方高校的物流管理类专业，在专业定位上应侧重于应用型，并紧密结合区域物流行业的发展，从而在自己的领域内发挥更为重要的作用。

二、专业管理要规范

在人才培养方案方面，地方高校要严格落实本科专业国家标准要求。

严格按照《普通高等学校本科专业类教学质量国家标准》中有关物流管理类专业的教学质量的相关规定来制订物流管理类专业的人才培养方案,从而保证物流管理类专业的人才培养方案科学合理。同时,在教育教学管理方面要做到规范有序,在实践教学管理及学生实习方面要注重安全,避免出现任何重大安全责任事故。

三、改革成效要突出

在教育教学方面,地方高校要不断学习各种先进的教育教学理念,持续更新教学内容,并随着时代的进步不断创新教学的方法手段,持续深化改革,以新理念、新形态、新方法引领物流管理类新文科专业的建设。建立完善的物流管理学科体系,注重跨学科的交叉融合,加强学科基础设施建设,制定学科建设标准,推动物流管理学科的发展。同时,应鼓励学科创新和特色发展,保持学科的先进性。物流管理专业是一个实践性很强的专业,因此实践教学也是地方高校物流管理类一流专业建设的重要方面。地方高校应该通过建设先进的物流管理实验室、开设先进的实践课程以及和企业、行业合作共建实习基地、共同开发实训课程等方式,为学生提供良好的实践环境和机会。总之,地方高校的物流管理类专业,必须密切关注物流行业的发展变化及区域经济发展的需要,紧密跟随国家科技发展的时代步伐,不断地持续深化改革,从而推动物流管理类专业不断向前发展。

四、师资力量要雄厚

地方高校要不断加强物流专业的师资队伍和基层教学组织建设,广泛开展各类物流有关的教育教学研究活动,保证物流专业教学团队结构合理、不断提升物流专业师资整体素质水平。不断引进和培养高层次人才,鼓励教师参与企业合作和技术服务,提高教师的实践能力和社会服务水平。同时,还应该鼓励教师参与学科建设和教学研究,提升教师教学水平和专业服务意识。

五、培养质量要一流

地方高校要坚持以物流专业的学生为中心,促进物流学生的全面发展,有效激发学生的学习兴趣和潜能,增强学生的创新精神、实践能力和社会责任感,提高物流类专业毕业生的行业认可度高和社会整体评价。地方高校的物流类专业应该以培养应用型物流人才为使命，以物流行业的人才需求为导向，以学生的充分就业为目标。具体来说，地方高校应注重培养具有创新精神和实践能力的物流管理人才，提升学生的综合素质，使他们成为具备解决物流领域实际问题能力的高素质应用型人才。为了保障物流类一流专业的可持续性发展，地方高校需要建立全面的教学质量保障体系。这包括建立学生评价体系、加强教学督导和评估工作、鼓励师生参与教学质量改进活动等措施，以评促建，提升物流专业的教学质量和服务能力。

第三节　地方高校物流管理类一流专业的建设标准

一、一流本科专业建设标准

新时代全国高等学校本科教育工作会议指出"以本为本""四个回归"，强调要振兴本科教育，为新时代社会主义培养德智体美劳全面发展的社会主义建设者和接班人。因此，专业，作为人才培养的载体和本科教育的基本单元，其建设就显得愈加重要。专业建设既是高校的立校之本，也是高校的生命线。专业建设是本科教学的基础，没有良好的专业建设，高质量的本科教育就无从谈起。没有良好的专业建设，学校就无法培养出优质的专业人才，其毕业的学生在就业市场上就难以具备竞争力，进而导致学校在招生中对学生和家长而言缺乏吸引力和竞争力。因此，打造优势专业并不断加强专业建设，将有助于提升学校人才培养质量，进而提升学校毕业生就业质量，从而提高学校声誉和影响力。

因此，为了加强本科教育，强化专业建设，从而提高我国高等教育人才培养质量，以及提高我国大学的竞争力，教育部自2017年以来陆续颁布了许多相关的政策文件。2017年教育部发布《统筹推进世界一流大学和一流学科建设实施办法》，即开启了"双一流"建设强国战略。2018年教育部印发《关于加快建设高水平本科教育全面提高人才培养能力的意见》（以下简称《意见》），提出推进一流专业建设，提高专业质量、调整专业结构、优化专业布局。为加快高水平本科教育，2019年国务院发布《加快推进教育现代化实施方案》（以下简称《实施方案》），提出实施一流专业建设"双万计划"，推进跨专业、跨学科交叉培养。同年，为贯彻落实

《意见》与《实施方案》，教育部发布"双万计划"通知，正式启动一流本科专业建设工作。

时任教育部部长陈宝生指出"质量为王，标准先行"。标准是衡量事物的准则，有了标准才有了遵循的依据。本书根据对国家相关文件政策的梳理，整理出与专业建设标准相关的要点如表4-1所示。

表4-1　专业建设相关文件及标准要素

文件名称	关于专业建设的要素或条件、指标
《普通高等学校本科专业类教学质量国家标准》	1. 培养目标；2. 培养规格；3. 课程体系；4. 师资队伍；5. 教学条件；6. 质量保障体系
《教育部办公厅关于实施一流本科专业建设"双万计划"的通知》	1. 专业定位明确；2. 专业管理规范；3. 改革成效突出；4. 师资力量雄厚；5. 培养质量一流
《国家级一流本科专业建设点推荐工作指导标准》	1. 专业定位准确及特色优势突出；2. 专业综合改革取得较大进展；3. 师资队伍建设成效显著；4. 质量保障体系健全；5. 人才培养质量较高；6. 下一步建设和改革的思路明确，举措得力

由表4-1可知，除了《普通高等学校本科专业类教学质量国家标准》分别按照不同专业的适用范围、培养目标、培养规格、课程体系等方面做了说明外，教育部其他有关一流专业建设的文件皆没有给出针对某类大学、某类专业的具体的、量化的统一性建设标准，而是在一流专业的申报和推荐等方面给出了较为笼统的指导性标准。这主要是由于教育本身是一项非常复杂的系统工程。不同性质、不同地区、不同类别的高校，其办学条件、办学特色、服务面向等，均有很大不同。同时，不同专业之间也是各具特色，无法统一量化。

首先，一流专业的建设不适合过于细化的标准。一方面，不同院校办学基础不同。比如地方院校与"985工程""211工程"等中央部属院校在办学实力方面相差悬殊，而且其各自的人才培养目标也不尽相同。中央部属院校重在为国家培养顶级创新性、科研型人才等，而地方高校则更多的是为地方经济的发展培养各类应用型人才，从而服务于地方经济的发展。另一方面，不同地区经济发展水平不同，对于专业人才的市场需求也各不相同，因此即便都是地方高校，但因其所处的区域不同，其周边经济发展水平不同，导致其在专业布局等各个方面也不尽相同。因此，若用统一的量化标准去要求不同类型、不同区域的高校，则势必导致在一流专业的遴选和建设中，地方高校永远不如中央部属高校，欠发达地区的地方高校永远不如发达地区的地方高校。如此一来，则与教育部所提倡的"面向各类高校、分赛道建设"等原则相违背。

其次，一流专业建设应以《普通高等学校本科专业类教学质量国家标准》（以下简称《国标》）中的规定为底线标准。《国标》由教育部委托高等学校教学指导委员会研制，历经 4 年多，先后组织了数百场工作研讨会和征求意见会，参与的专家教授达 5 000 多人。《国标》涵盖了普通高校本科专业目录中全部 92 个本科专业类、587 个专业，涉及全国高校 56 000 多个专业点。《国标》针对每类专业，在专业培养目标、培养规格、课程体系等方面都做出了具体要求。因此，一流专业建设，必须既要符合《国标》中对对应专业的基本要求，同时又要紧密结合教育部对一流专业建设给出的指导性标准，不断加强建设，不断持续改进。

二、地方高校物流类一流专业的建设标准

物流是一门研究经济和社会活动中物品从供应地向接收地实体流动规律的学问。物流学科主要研究物品运输、储存、装卸搬运、包装、流通加工、信息处理、增值服务等功能及相关科学技术手段、运营组织管理方法和环境条件。物流学科基于物流领域的科学研究成果和实践应用案例，通过交叉融合管理学、经济学、工学等多学科知识体系，形成了物流管理、物流工程、采购管理等专业知识体系，并由此构成了独立的物流管理与工程学科门类。

物流管理与工程类专业致力于培养能够解决经济和社会系统中的物流管理与工程科学理论和工程实践问题的复合型专门人才。物流管理与工程类专业以供应链管理理论与方法、物流系统优化理论与运营管理方法、物流工程技术与装备的开发与应用、采购管理理论与方法等为核心知识体系。

本着既要符合教育部给出的一流专业建设的指导性标准，又要符合《国标》的规定，同时又便于指导地方高校物流管理类一流专业的建设，本书结合上述政策文件的规定以及《重庆市普通高校一流本科专业建设指南》，梳理了关于地方高校物流管理专业建设的大致指标体系（见表4-2）。

表 4-2　地方高校物流管理类一流专业建设指标体系

一级指标	二级指标	具体内容
1. 办学定位	1.1 专业定位	专业定位适应地区经济社会发展需求，服务面向清晰，符合高校发展定位和办学方向
	1.2 培养目标	培养目标内容清晰明确，能反映物流学生毕业后 5 年左右在社会和物流领域的发展预期。培养目标能够在人才培养全过程中分解落实
	1.3 办学特色	专业办学特色优势在本行业本区域明显突出
2. 教育理念	2.1 立德树人	坚持五育并举，实施"三全育人"，深入推进"大思政课"建设，推动思政课程与课程思政同向同行
	2.2 四新建设	教育理念先进，且有省部级以上的"四新"专业教学改革项目
	2.3 认证理念	坚持学生中心、产出导向、持续改进的基本理念，注重学生发展
3. 师资队伍	3.1 师德师风	教师无重大师德师风失范和学术不端行为
	3.2 数量结构	教师数量符合《国标》要求。新办专业教师队伍专任全职教师应不少于 8 人。专业教师中拥有硕士或博士学位的比例不低于 80%；专业教师中具有正高级职称的比例不低于 10%，具有高级职称的比例不低于 30%；专业教师队伍学历、年龄结构合理，外聘专业教师占专业教师人数的比例不超过 20%
	3.3 专业负责人	专业负责人学术水平、教育教学水平高，积极开展本科教学工作，积极推进专业建设且成效显著
	3.4 基层教学组织	基层教学组织（如教研室、教学团队）体系健全，教育教学研究活动开展广泛、成效显著
	3.5 教授为本科生上课	全面落实教授为本科生上课制度，高水平人才、教学名师等能主动为本科生讲授专业核心课、专业基础课等，主讲本科课程教授占教授总数的比例、教授主讲本科课程人均学时数不低于所在高校平均水平

表4-2(续1)

一级指标	二级指标	具体内容
4. 教学条件	4.1 硬件条件	有符合人才培养定位和特色培养要求的教室和实验室、仪器设备、图书资料及创新创业条件
	4.2 教学经费	专业建设经费满足一流本科人才培养需要，生均教学日常运行支出高于学校平均水平，生均教育实践经费支出高于学校平均水平。生均专业实习经费不少于1 000元
	4.3 基地平台	拥有与物流行业、企业共建的、满足学生需要、合作机制完善、育人效果显著的物流实践教育基地，达到《国标》要求
	4.4 课程资源	拥有一定数量的省部级以上一流课程。拥有一批学科基础课程或专业发展必修课程，具备在线课程资源
	4.5 教材资源	马工程重点教材使用全覆盖。专业建设期内有公开出版的新教材，有省部级规划教材或相关教材奖励
	4.6 核心课程	全面形成核心课程授课团队；课堂讲授采用混合式教学（自建或引进线上资源），线下课程全面采用智慧教学工具
5. 教学管理	5.1 规章制度	有健全的符合培养需要的教学管理规章制度，且执行到位
	5.2 运行规范	教学文案齐备规范，建设期内不得发生重大安全责任事故或重大教学事故
6. 质量保障	6.1 质量标准	有符合《国标》要求的招生标准、毕业标准、课程标准、课程教学标准等
	6.2 质保机制	建立教学质量监控与评价机制并有效执行，合理运用信息技术对各主要教学环节质量实施全程监控与常态化评价；建立物流专业毕业生跟踪反馈机制及利益相关方广泛参与的多元社会评价机制。定期对校内外评价结果进行综合分析，有效使用分析结果，推动物流专业人才培养质量持续提升
	6.3 质量文化	将质量价值观落实到物流专业人才培养各环节，将质量要求内化为物流专业师生的共同价值追求，逐步建设自觉、自省、自律、自查、自纠的物流质量文化

表4-2(续2)

一级指标	二级指标	具体内容
7. 改革成效	7.1 专业影响	建设期内，物流专业在全省市专业质量监测中监测指标和监测档次有所提升
	7.2 教学改革	建设期内获省部级及以上教学改革项目、教学奖励和支持情况突出。有省部级及以上教学改革项目、教学成果奖
	7.3 示范引领	发挥示范引领作用，带动物流其他相关专业的发展，在国内外物流领域中产生较大积极影响。建设期内有对外宣传交流物流专业建设与改革的相关活动或媒体报道
8. 培养效果	8.1 学业成绩	学生专业基础理论、知识面和创新能力全面提升；建设期内有学生在中国国际"互联网+"大学生创新创业大赛、全国"挑战杯"等省级以上物流学科竞赛中获奖；有学生以第一作者/通讯作者在核心期刊发表论文或获批国家专利
	8.2 就业质量	学生主要在物流领域就业；培养目标达成度高；毕业生升学率高于所在高校平均水平
	8.3 社会声誉	毕业生有较强的持续发展能力，社会声誉好，用人单位满意度高

综上所述，地方高校物流类一流专业在专业建设中，应当以《国标》为底线，以教育部对一流专业的指导标准为指引，在认真研读自己所在地区教育厅的相关文件规定的基础上，结合自己高校的发展定位和办学特色，不断凝练自己物流专业的专业特色、细化人才培养目标，更新教育理念，抓住有限的资源条件不断壮大自己的师资队伍，严格规范教学管理，提升学生培养质量，从而凸显改革成效，彰显专业优势，改善人才培养效果。

第五章 地方高校物流管理一流专业建设内容与措施

为了更好地提升地方高校物流管理一流专业的竞争力和影响力，更好地培养高质量的物流管理人才，地方高校物流管理专业应根据教育部公布的有关一流专业建设的指导性标准，明确自身的专业定位和发展方向，不断加强师资队伍建设，优化课程体系和教学内容，创新教学方法和手段，加强实践教学和校企合作，推动专业团队建设，以及完善质量监督和评估机制。

第一节 明确物流管理专业定位和发展方向

对于一流专业，无论是教育部公布的关于一流专业的申报条件，还是后期建设的指导性标准文件，都特别强调了一个关键词，那就是明确的专业定位。

明确的专业定位对专业建设有着至关重要的作用。第一，明确的专业定位可以为专业的建设与发展指引方向。当一个专业有了明确的专业定位，即意味着该专业建设有了清晰的目标，可以使专业的课程设计、教学方法、人才培养目标等各方面工作都围绕这个目标展开，从而确保专业建设的目标明确、方向正确。第二，明确的专业定位是后期课程体系设立的依据。不同的专业定位，即意味着不同的人才培养目标，因此其课程体系设计将会有所不同。第三，明确的专业定位，可以使学校或学院更加精准地分配人力、物力、财力等各项资源，并确保这些资源能够最有效地被利用，以支持专业的建设和教学工作，最大限度地提高教学质量和效果。第四，明确的专业定位有助于优化资源配置。当专业定位越加明确时，教师和学生就会越清楚专业的核心技能和知识领域，这样可以帮助教师更好地教学，也可以帮助学生更有针对性地学习和掌握相关技能。这无疑对提升教学质量和效果有着重要的推动作用。第五，明确的专业定位，有助于精准地吸引志同道合的教师和学生。对于学生来说，一个有着明确发展方向和充满活力的专业能够让学生对自己将来的就业以及自己需要掌握的技能了然于胸，能够让他们对自己的未来充满信心，因而这样的专业对他们会更有吸引力。对于教师来说，一个有着清晰定位和发展方向的专业，将更有可能为他们提供需要的学术环境和职业发展机会，使得教师对自己的职业发展有着更为清晰的规划和指引。第六，明确的专业定位可以增强该专业在社会上的影响力。当该专业的定位清晰、目标明确时，它更容易在社会上得到认可，对社会的贡献也会更为显著。

本书选取了重庆市获批国家一流和省级一流专业建设点的 4 所高校的物流管理专业作为研究对象，以此为例来分析和说明不同高校物流管理专业在定位上的差异（见表 5-1）。

表 5-1　重庆市高校物流管理一流专业及其课程体系

级别	学校	学校定位	培养目标	核心课程
国家级	重庆交通大学	应用技术型	培养能在企业、科研院所及政府部门从事供应链设计与管理、物流系统优化及运营管理等方面工作的复合型应用型人才	物流学、供应链管理、物流系统分析与设计、物流信息技术与系统、运输经济学、采购与库存管理、物流技术装备、仓储配送管理
国家级	重庆工商大学	应用研究型	培养在国际物流、智慧物流和供应链管理等领域从事物流企业运营与管理、物流数据分析与处理、物流运营决策与创新等国际化创新型应用型高端物流人才，与比利时安特卫普管理学院联合培养全球供应链管理硕士	物流学概论、供应链管理、运输管理、物流运筹学、第三方物流管理、仓储配送管理、物流系统规划与设计、物流信息管理、物流系统仿真

表5-1(续)

级别	学校	学校定位	培养目标	核心课程
省级	重庆大学	研究型	培养适应我国现代物流业迅速发展的需要，具有管理学、经济学、运筹学和信息技术基础知识，系统掌握现代物流管理方法与运作技能，能从事物流系统设计和物流业务经营管理的高素质专门人才	物流学、物流信息系统、物流运输管理、物流系统规划与设计、供应链管理、仓储与配送管理、物流战略与策划、国际物流管理、物流运作管理、物流装备与设施、采购管理
省级	重庆财经学院	应用型	培养具有经济学、管理学、统计学、运输经济、商务和营销技术、计算机网络技术等基本知识，系统掌握现代物流管理的基本理论和基本技能，具备较强的物流运作能力，能对现代企业的物流系统进行策划、营销、管理的应用型中高级专门人才	物流学、物流信息系统、物流运输管理、物流系统规划与设计、供应链管理、仓储与配送管理、物流战略与策划、国际物流管理、物流运作管理、物流装备与设施、采购管理

由表5-1可知，虽然都是物流管理专业，但不同高校的物流管理专业在定位上有很大的差异。

第一，地方高校和中央部属高校，同为物流管理一流专业，但在定位上有显著区别。重庆交通大学、重庆工商大学、重庆财经学院，其学校定位皆为应用型，因此，其物流管理专业定位也是应用型，人才培养目标则是培养应用型物流人才。而重庆大学作为重庆的两所中央部属高校之一，其办学定位为研究型。因此，其物流管理专业的定位也是研究型，其人才培养目标为培养能从事物流系统设计和物流业务经营管理的高素质专门人才。其毕业生就业方向为从事物流系统规划与设计、物流业务管理以及政府物流政策规划与实施等层次相对较高的工作。其毕业生亦可在管理科学与工程、工商管理等学科方向深造，每年有20%~30%的本科生可以被推免或考取研究生继续深造。因此，其毕业生就业层次相对较高，深造的比例明显比地方高校的比例要高。

第二，即使同为地方高校，但在具体定位上仍有差异。比如表5-1中，重庆交通大学和重庆工商大学的物流管理专业都是国家级一流专业，但在定位上仍有差异。比如，重庆交通大学属于理工类大学，定位偏向应用技术型，因此其物流管理专业定位为应用技术型，培养的是复合型应用型物流人才，其毕业生面向的是各类物流业务性工作、物流方案设计类工作以及科研院所的教学与科研工作等。其专业特色体现为企业物流、道路运输、多式联运及国际物流等。很显然，其物流管理专业的专业特色与重庆交通大学的整体理工科属性密切关联。而重庆工商大学，则作为综合类院校，文科属性相对较强，因此其定位为应用研究型，其物流管理专业人才培养定位为培养国际化创新型应用型高端物流人才。其毕业生就业层次为应用里面的高端人才，同时也可以选择继续深造，攻读全球供应链管理硕士。其专业特色里，较为明显的就是国际性和创新性，文科属性更为浓厚一些。作为民办应用型高校的重庆财经学院，其物流管理专业尽管也定位为应用型，但为了区别于同层次兄弟院校的物流管理专业，其定位为培养应用型里面的中高级专门人才。

由上述高校物流管理专业上的定位差异，我们可以得出关于地方高校物流管理专业在专业定位上的经验和启示：

首先，不同层次的高校，其物流管理专业定位上要有明显差异。低层次高校的物流管理专业，在定位上不可直接模仿和照搬高层次院校的专业定位，而是要紧密结合自身院校的办学定位及办学优势进行专业定位，让物流管理专业的人才培养目标清晰明确，发展方向清晰明了，服务面向非常清晰，同时又能够借助学校的优势和特色凸显出该校物流管理专业的特色和优势，那么其物流管理专业在定位和特色上就有了亮点。

其次，同层次的地方高校，其物流管理专业在专业定位上仍需凸显特色和差异性，从而令自身专业在同类专业中具有较高的辨识度，从而区别于兄弟院校的同类物流管理专业。

第二节　加强物流管理专业师资队伍建设

一、师资队伍建设的重要性

曾任清华大学校长的梅贻琦先生说："所谓大学者，非谓有大楼之谓也，有大师之谓也。"由此可见，师资对大学的影响非同一般。师资队伍在高等教育中扮演着至关重要的角色，是大学核心竞争力的体现。第一，大学的基本任务是培养人才，而教师是人才培养的关键。教师的水平、素质和风范直接影响到学生的成长和发展。高水平教师可以传授先进的知识、技能和方法，激发学生的创新思维和探究精神，培养出具有国际视野、社会责任和领导力的优秀人才。第二，大学也是知识创造和科技创新的重要阵地，是推动国家和社会进步的重要动力，而教师正是知识创造和科技创新的主体和关键，他们的水平、能力和贡献直接影响学科建设和学校科研成果。只有高水平的教师，才能面向学科前沿，开展创新性基础研究和应用基础研究，攻克重大科技难题，为国家重大工程建设提供智力支撑和技术保障。第三，教师是学生价值观的重要引导者。优秀的教师不仅能够教授知识，还能通过自身的行为和言传身教，影响和塑造学生的价值观。第四，大学教师通过科研和教学活动，为社会发展提供智力支持，通过与社会的紧密联系和双向互动，为社会发展做出积极贡献。第五，教师是推动教育改革的重要力量。优秀的教师能够敏感地捕捉到教育领域的新动态，并将这些新理念、新方法融入教学中，从而推动教育的改革和创新。因此，加强师资队伍建设，对于提高教育质量，推动教育改革，提升学生综合素质，以及塑造学生价值观都具有十分重要的意义。

同时，《普通高等学校本科专业类教学质量国家标准》《教育部办公厅关于实施一流本科专业建设"双万计划"的通知》《国家级一流本科专业建设点推荐工作指导标准》等系列文件均提到了师资队伍的建设问题。因此，在一流本科专业建设中，师资队伍的建设将是其中极其重要的一项建设内容。

因此，对于物流管理类专业，无论是已经入选"国家级一流""省级一流"的，还是尚未入选一流专业的，都需要重视师资队伍的建设，并将其纳入重要建设事项之中。

二、师资队伍建设的依循

为了明确师资队伍建设的目标，本书摘取了《普通高等学校本科教育教学审核评估指标体系（试行）》《重庆市普通高等学校本科专业监测评价指标体系（试行）》《重庆市普通高校一流本科专业建设指南》中关于师资队伍的相关规定，并将其以表格的形式整理如下（分别见表5-2、表5-3和表5-4）。

表 5-2 普通高等学校本科教育教学审核评估指标体系（试行）中
关于教师队伍的规定

普通高等学校本科教育教学审核评估指标体系（试行）	
教师队伍	1. 落实师德师风是评价教师第一标准的情况，落实师德考核贯穿于教育教学全过程等方面的情况
	2. 教师教学能力满足一流人才培养需求情况，引导高水平教师投入教育教学，推动教授全员为本科生上课、上好课的政策、举措与实施成效 （必选）生师比 （必选）具有博士学位教师占专任教师比例 （必选）主讲本科课程教授占教授总数的比例 （必选）教授主讲本科课程人均学时数
	3. 重视教师培训与职业发展，把习近平总书记关于教育的重要论述作为核心培训课程，把《习近平总书记教育重要论述讲义》作为核心培训教材，加强思政与党务工作队伍建设的举措与成效
	4. 加强教师教学发展中心、基层教学组织建设的举措与成效

表 5-3 重庆市普通高等学校本科专业监测评价指标体系(试行)中
关于师资队伍的规定

重庆市普通高等学校本科专业监测评价指标体系（试行）			
师资队伍	师德师风	1. 获省级以上各类师德师风奖励教师占比	专业教师获重庆市及以上各类师德师风奖励
		2. 未出现师德师风问题教师	专业教师未出现师德师风问题
	师资队伍状况	1. 生师比	按教育部本科教学评估规定的口径进行统计
		2. 博士教师占比	博士教师数除以教师总数。注意教师总数应和生师比核算中的教师总数一致
		3. 教学团队	以高层次人才为核心组建的教学团队，包括全国创新争先奖先进集体、国家级教学团队、"高校黄大年式"教师团队等；重庆市认定的省部级教学团队等
		4. 教学竞赛获奖	教师参加省级以上各类教学竞赛获奖情况
		5. 主讲本科课程教授占比	本专业主讲本科课程的教授占教授总数的比例
		6. 教授主讲本科课程占比	该专业教授主讲本科课程门次数占该专业本科课程总门次数的比例

表 5-4 《重庆市普通高校一流本科专业建设指南》中关于师资的规定

重庆市普通高校一流本科专业建设指南		
师资队伍	1. 师德师风	教师无重大师德师风失范和学术不端行为
	2. 数量结构	教师数量符合《国标》要求，结构合理，水平高、能力强。具有博士学位教师占比、具有高级职称教师占比不低于所在高校平均水平
	3. 专业负责人	专业负责人学术水平、教育教学水平高，积极开展本科教学工作，积极推进专业建设且成效显著
	4. 基层教学组织	基层教学组织（如教研室、教学团队）体系健全，教育教学研究活动开展广泛、成效显著
	5. 教授为本科生上课	全面落实教授为本科生上课制度，高水平人才、教学名师等能主动为本科生讲授专业核心课、专业基础课等，主讲本科课程教授占教授总数的比例、教授主讲本科课程人均学时数不低于所在高校平均水平

通过对比表 5-2、表 5-3 和表 5-4，可知无论是审核评估标准，还是重庆地区的本科专业教学质量监测指标以及重庆一流专业建设指南的规定，都提出了在师资建设方面必须遵循的共同要求，比如师德师风建设、师资量化指标、教师培训与发展的举措与成效等。尤其是师资方面的定量指标，比如生师比、具有博士学位教师占专任教师比例、主讲本科课程教授占教授总数的比例、教授主讲本科课程人均学时数等，更是作出了明确的规定。同时，需注意的是，在审核标准里有关"生师比、具有博士学位教师占专任教师比例、主讲本科课程教授占教授总数的比例、教授主讲本科课程人均学时数"的规定，是合格标准，而非优秀标准。因此，在物流管理一流专业的师资建设中，可以此标准为基础，但需高于该标准进行建设。

三、师资队伍建设的策略

（一）做好师资规划，满足"量"的要求

通过对普通高校本科教育教学审核评估指标、重庆市普通高校本科教学质量监测指标体系以及重庆市一流专业建设指南中有关师资队伍的相关指标的解读，本书认为地方高校物流管理一流专业在师资队伍建设方面，首先需要做到的是满足相关政策文件中有关师资的最基本的数量规定。比如《普通高等学校本科专业类教学质量国家标准》中关于物流管理与工程类教学质量国家标准中有关物流类专业教师队伍规模与结构的规定如下：新办专业教师队伍（从事物流管理与工程类专业教学的专任全职教师）不应少于 8 人。专业教师中拥有硕士或博士学位的比例不低于 80%；专业教师中具有正高级职称的比例不低于 10%，具有高级职称的比例不低于 30%；专业教师队伍学历、年龄结构合理，外聘专业教师占专业教师人数的比例不超过 20%。那么，地方高校物流类专业在师资方面，至少应从数量上满足上述规定和要求。其次，地方高校还需结合学校在物流类专业方面的招生规模满足普通高校本科教育教学审核评估指标中有关生师比的基本规定。

因此，地方高校物流管理类专业应参照普通高校本科教学质量观测指标体系，统计自己有关师资方面的量化指标结果，并根据相关标准检查师资在相关量化指标方面是否达标。一些地方高校为了确保师资满足基本要求，甚至远远超出基本规定，高校需在物流师资方面做好相应的规划，保证招聘方面招够、招足专任教师。另外，为了确保物流师资在学历结构、年龄结构、职称结构方面均符合要求，规划中也应当有所体现。因此，物流管理类专业在一流专业建设中需要结合自身专业的发展定位做好有关师资方面的短期、中期和长期的规划，不仅招够、招足当前所需数量的专任教师，还需要做好未来供需预测，并根据物流专业未来的发展定位做好一定的师资储备和师资开发工作，以便为物流管理类专业在未来的进一步发展储备雄厚的师资力量。

（二）做好师资培育，提升"质"的水平

在师资建设方面，当师资的"量"达到规定要求之后，仅仅只是满足了国家关于普通高校本科教育审核评估的最基本的标准，还不能称之为高水平师资。本书摘取了 2022 年高等学校科技统计资料汇编中有关各类高等学校教学与科研人员的统计情况，如表 5-5 所示。

表 5-5　2022 年度各类高等学校教学与科研人员中科学家与工程师职务（职称）

单位：人

分类	学校数/所	教师系列					
		小计	教授	副教授	讲师	助教	其他
教育部直属院校	65	123 403	40 199	46 416	29 593	3 462	3 733
地方院校	2 000	626 577	87 742	189 082	255 088	80 738	13 927

资料来源：中华人民共和国教育部科学技术与信息化公司. 2022 年高等学校科技统计资料汇编［M］. 北京：高等教育出版社，2023.

由表 5-5 的各类高校教学科研人员分布情况来看，教育部直属院校，一共 65 所，但共拥有教授 40 199 人、副教授 46 416 人，平均每所高校拥有教授 618 人、副教授 714 人，其中教授占比为 32.58%，副教授占比为 37.61%。对比之下，地方院校共 200 所，共拥有教授 87 742 人、副教授 189 082 人，平均每所高校拥有教授数量为 44 人、副教授 95 人，其中教授占比为 14%，副教授占比为 30.18%。由以上数据可知，地方院校在师资的"质量"方面与教育部直属院校差距甚大。因此，地方高校的师资建设在满足了师资的总量要求之后，还需进一步做好师资培育，提升师资"质"的水平，从而形成高水平师资。

（三）做好分类建设、错位发展

地方高校在具体的师资建设过程中，仍需根据地方高校物流管理专业自身定位和发展目标做好分类建设、错位发展，不可盲目跟风和照搬。首先，地方高校与中央部属高校在学校定位和本科人才培育目标上有很大区别，故其师资需求上也会有很大不同。其次，地方高校与中央部属高校在经费支撑上有很大不同，故其能够给出的师资待遇、发展空间、发展机会将会有显著区别，因此其对人才的吸引力有明显不同，故而其能够招聘和留住的人才也会有显著区别。再次，即使同为地方高校，但其在办学实力和服务面向上有很大不同，因此其人才需求和能够吸引并能够留住的人才层次也会有很大不同。最后，即使是同层次同类别兄弟院校，其物流专业的定位和人才培养目标仍各有差异，因此其师资诉求也并不完全相同。本书根据部分高校提供的本科教学质量报告中给出的相关信息以及部分高校在师资招聘中给出的条件要求等，并结合相关文献对物流管理专业特点的总结描述，梳理出不同类别高校物流管理专业在师资建设方面的侧重点（见表 5-6）。

表 5-6　不同类别高校师资建设的侧重点

高校类型	覆盖范围	学校建设目标	人才培养目标	师资建设重点	师资特点
研究型大学	国家"双一流"建设高校或者省属重点大学	以学科建设为目标，努力扩大硕士博士点招生比例	研究放在首位，致力于高层次的人才培养与科技研发，主要负责创新研究	科研	高水平学术群体

表5-6(续)

高校类型	覆盖范围	学校建设目标	人才培养目标	师资建设重点	师资特点
应用型大学	介于研究型大学和技能型大学之间的普通本科高校,一般指的是新建本科及部分老牌本科高校。省属重点以下的本科高校都属于应用型高校	以专业建设为主,辅之以学科建设。其中,部分高校具有硕士学位授予权,但是很少具有博士学位授予权	以本科教育为主,培养具有较强社会适应能力和竞争能力的高素质应用型人才	科研与实践技能	双师双能型
技能型高校	高职高专	培养高质量的一线技术人员	以技术为主,培养负责一线操作的专业人才	实践技能	丰富的实践经验

根据表5-6可知,不同类别的高校由于其类型、学校建设目标及人才培养目标的不同,其在师资建设方面也有很大的不同。因此,对于地方高校来说,由于绝大部分都是应用型大学,其学校建设目标以专业建设为主,其人才培养目标也是以培养具有较强社会适应能力和竞争能力的高素质应用型人才为主,其师资建设以科研与实践技能并重,尤其应用技术型大学更是以实践技能为重,因此其师资方面也可以实践技能为导向,注重师资实践技能的建设。

另外,物流管理专业是一个实践性很强的专业,它对师资的要求具有自身的一些特点和诉求。比如:要求教师具备扎实的理论基础和丰富的实践经验。同时,地方高校在设定物流管理培养方案和专业课程时,必须要紧密结合地方经济发展的特点和需要。因此,作为地方高校物流管理专业的教师,还需要及时地了解和掌握地方经济发展的趋势和特点,从而能够针对性地对学生进行教学。而且,随着全球化的不断发展,物流行业也逐渐走向国际化。因此,地方高校对于物流管理专业的师资需求,也会要求教师具有国际化的视野,能够对学生进行全球化思维的教学。

综上,本书所指向的研究对象——地方应用型普通本科高校,应在紧密结合自身办学定位、办学实力的情况下,凝练自身物流管理专业的特色优势,找准自身师资建设的方向和重点,在满足《国标》中对师资数量、师资结构等的基本要求之后,要去凸显自身物流管理专业的比较优势和特色，而不一定都要像研究型大学那样集中在教师的学术水平和学术能力方面，而是综合考虑专业性、实践性、与地方经济发展的紧密相关性、国际化视野以及师资的较高综合素质等。

第三节　提升实践教学水平

物流管理专业具有很强的实践性和应用性，其对学生的专业管理知识与实践技能的要求都比较高。因此，实践教学对物流管理专业的教学至关重要。首先，实践教学能够增强学生的感性认识，将相对枯燥的专业理论知识同实际操作能力相结合，提高学生的学习积极性，培养其动手操作能力和创新能力。其次，实践教学可以帮助学生在走出校门前就了解和掌握物流管理专业的相关知识和技能，包括供应链管理、采购与物流、仓储与配送、运输运营管理等方面的知识，以及物流系统规划设计、物流信息技术应用等技能。再次，实践教学可以帮助学生更好地适应社会和企业的需求，提高其就业竞争力。最后，实践教学还可以促进高校与企业的合作，推动物流管理专业的产学研结合，改善专业的教学整体效果。

综上所述，实践教学是物流管理专业教学的重要组成部分，对于培养合格的应用型物流管理人才具有至关重要的作用。因此，地方高校可从明确实践教学目标、优化实践教学内容、提升教师实践教学经验、创新实践教学手段等方面加强实践教学，并提升物流专业实践教学水平，从而提高物流专业人才培养质量。

一、明确物流实践教学目标

地方高校为了更好地做好物流专业实践教学，首先需要有明确的实践教学目标，以便物流专业的师生在实践教学中有明确的指向和行动的方向。首先，明确的实践教学目标可以让教师和学生更加清晰地认识到实践教学的意义和目的，从而更好地组织实践教学活动。如果师生对于实践教学的目标缺乏明确的认识，就可能导致实践教学活动的盲目性和无目的性，影响学生的学习效果和实践能力的提升。其次，明确实践教学目标可以更好地衡量物流专业实践教学活动的效果。当师生知道了实践教学的目标时，他们就可以更加有针对性地设计和组织物流实践教学活动，并分析和评估实践活动的效果。这样的学习方式可以让学生更好地了解自己的学习进度和能力水平，从而调整自己的学习计划和方法。再次，明确实践教学目标可以更好地培养物流专业学生的实践能力和职业素养。当教师明确了实践教学的目标时，他们就可以更加注重培养学生的物流某个方面具体的实践能力和职业素养，从而使他们更好地适应社会物流行业未来的需求和职业发展。最后，明确实践教学目标还可以促进地方高校与物流行业、企业之间的合作。当高校明确了实践教学的目标时，它们就可以更加注重与物流相关企业的合作，从而为学生提供更多的物流实践机会和实践经验，促进物流专业学生的实践能力和职业素养的提升。

综上所述，物流专业设定明确的实践教学目标可以让该专业的教师更好地组织实践物流教学活动、衡量物流实践教学活动的效果、培养物流专业学生的实践能力和职业素养以及促进高校与物流企业之间的合作。因此，地方高校应该明确物流实践教学目标，并以此为依据设计和组织物流实践教学活动。

二、加强物流实践教学内容设计

《普通高等学校本科专业类教学质量国家标准》中有关物流管理与工程类专业国家教学质量标准部分，明确指出：各高校应根据专业教学需要在理论课程中设置实践教学环节，改革教学方法，增加理论教学中模拟、实验训练环节以及综合训练环节。各高校应根据自身特色，开设独立的专业实践课程，包括毕业论文（设计）。实践教学课程应制定教学大纲，明确教学目的与基本要求，明确主要内容以及学时分配。鼓励各学校组织学生参加全国大学生物流设计大赛等全国性或区域性实践竞赛活动。由此可知，《国标》对于物流专业实践教学环节和实践教学课程及其内容设定都做了最基本的规定。因此，地方高校物流专业实践教学方面，必须以《国标》中的规定为最基本的标准，在明确各高校自身物流实践教学目标之后，需要进一步依据物流实践教学目标的设定来设置并优化物流实践教学课程和内容。

首先，地方高校需要结合物流专业特色和学校自身情况，制定出具有针对性的物流专业课程体系，并在设定了物流核心专业课程，比如现代物流基础、物流客户服务、物流配送、物流运输、仓储管理实务和物流信息技术等的基础上科学规划课程，形成理论与实践相融合的模块化课程结构，从而科学地规划理论课程中的实验实训部分，以及设置单独的实践课程或实践环节。

其次，地方高校与物流行业、企业保持紧密联系，以物流职业岗位能力的动态要求为依据，根据物流企业用人单位的需求及时调整物流课程体系，并在物流专业相应技能课程教学进程中，应以取得相应物流技能证书为目标安排教学内容，使物流理论课、物流实践、考取物流证书环环紧扣，将物流能力培养主线贯穿物流教学全过程。

最后，地方高校在前述师资队伍建设中要注重培养"双师型"教师队伍。物流专业的教师不仅要具备系统、丰富的物流理论知识，而且要具有扎实、熟练的物流实际操作技能，或者物流相关行业的实践经验。为此，地方高校需要经常组织物流教师进入物流相关企业进行实践调研，积累丰富的物流实践经验，熟练掌握物流过程各个阶段的实务操作。同时，地方高校可以采取内引外联的方式，向企业聘请物流经理人担任兼职教师，让他们既到学校指导物流教学工作，进行教师培训，又担任物流课程教学，弥补在校教师实践知识的不足。

总之，地方高校在加强物流实践教学内容设计时，需要结合专业特色、企业需求和师资情况等多方面因素，科学合理地规划实践教学课程，加强与企业的合作，提高师生的实践能力和素质。

三、创新物流实践教学手段

为了更好地实现物流实践教学效果和目的，需要不断地创新物流实践教学手段。

第一，采用综合性的实践教学方法。无论是理论课程中的实践教学部分，还是单独设置的实践课程，都可以采用多种实践教学方法。例如，物流装备理论课程中的实践教学环节，可以采用实物演示法，借助现代教学手段，给学生展示各种现代化物流装备的照片及操作视频等。在物流成本管理、采购管理等理论课程的实践教学环节，可采用案例教学法，并在案例教学中引入物流企业真实的成本管理案例或采购案例让学生来分析、探讨和研究。在社会调查与统计等课程中，可以安排学生深入真实的物流行业或物流企业去调查了解物流行业的现状和需求。同时，在单独开设的物流实训课程中，也可以采用项目设计法，让学生根据物流企业的实际项目需求去设计相应的解决方案。

第二，加强与物流行业、企业的合作。学校可以与物流行业、企业合作，引入物流企业的相关专业人才，通过邀请企业人才到学校开讲座并以现身说法的方式，让学生了解物流行业的实际运作情况。同时，学校也可以组织物流专业学生到相关物流企业实地参观、实习，让学生亲身感受物流行业的实际运作情况，以提高物流专业学生对物流实践技能要求的认知，从而增强其学习积极性，明确其学习指向性。

第三，建立物流虚拟仿真实验室。学校可以建立虚拟仿真实验室，引入先进的物流仿真软件，模拟物流行业的真实运作情况。通过物流虚拟仿真软件沉浸式交互体验，模拟真实的物流环境，让学生在模拟的情境中进行相应的物流操作，既可以让学生学习更简单、更轻松、更安全，又可以提高其学习效率，降低学习成本。

第四，开展各种物流技能竞赛。组织学生开展和参与各种物流技能竞赛，不仅可以提高物流专业学生的实践能力和创新意识，同时也可以促进师生之间的互动，及时发现物流专业学生的不足之处并加以指导，同时还可以发现物流专业学生在某个物流技能方面的潜能并进一步开发，从而提升物流专业学生的学习兴趣和未来就业竞争力。

总之，在创新物流实践教学手段时，需要注重现代教学手段和教学工具的使用，加强与物流企业的合作，并同时注重实践教学的趣味性，以便加强对物流学生的实践能力、创新能力、团队协作能力的培养，从而不断提高物流实践教学的质量和效果。

四、强化物流实践教学设施等硬件建设

《普通高等学校本科专业类教学质量国家标准》中有关物流管理与工程类专业国家教学质量标准部分，在教学设施要求方面明确指出：各高校应建设满足教学要求的专业实验室，实验室条件应满足1个专业班学生开设实验教学课程的要求，并配置相应的硬件和软件；各高校应建立稳定的专业实习基地；各高校应加强物流专业创新创业实验室和训练中心建设，促进实验教学平台共享。鼓励各高校建设大学生创新创业园等创业教育实践平台，建设校外实践教育集体、创新创业示范基地、科技创业实习基地等。

因此，在实践教学方面，各地方高校还应当根据《普通高等学校本科专业类教学质量国家标准》的有关规定做好最基本的物流实践教学有关硬

件建设，比如物流专业实验室、综合实训室、物流实训基地以及相应的物流软件等，并使之在数量和质量方面符合甚至超越《国标》的相关规定。

首先，地方高校需加大有关实验实训资金投入，并及时更新相应物流设备。地方高校物流专业，需要投入更多的资金用于购买和维护物流实践教学所需的设备和器材，比如物流虚拟仿真软件、仓储设施、货架、叉车等。同时，及时更新和升级物流实践教学设备，确保设备能跟上行业的发展步伐，让学生学到的物流技能更具有前瞻性。

其次，地方高校需与物流企业合作，共建物流实践、实训基地。学校通过与相关物流企业合作，建立实践基地，让物流专业学生能在真实的物流工作环境中学习和实践物流技能。这样不仅能帮助物流专业学生快速理解和掌握物流有关理论知识，还能提高他们的学习兴趣和实际的物流技能。

最后，地方高校需创建模拟实验室。学校通过创建物流模拟实验室，比如物流信息系统实验室、供应链管理实验室、物流虚拟仿真实验室等，让学生能够在沉浸式交互体验环境中学习和实践。这样可以帮助物流学生理解物流工作的全流程以及物流供应链运营的底层逻辑，从而提高他们的物流综合运用能力。

五、构建科学的实践教学评价体系

实践教学需要持续的改进和更新。因此，实践教学需要一个科学完善的评价体系。学校通过构建科学合理的实践教学评价体系，及时收集学生的反馈结果、观察学生的实践活动效果、检查学生的项目成果等方式，可以及时地了解物流实践教学的效果，并据此进行改进。同时，学校通过构建科学合理的实践教学评价体系，也便于定期对物流实践教学进行科学的全方位的效果评价，以便于发现问题，并及时改进或是做出相应的调整或更新。

另外，为了更加全面而真实地了解物流实践教学效果，还可以构建实践教学社区。学校通过创建物流实践教学社区，让学生自由而真实地分享经验、讨论问题、合作项目。这不仅可以提高物流专业学生的实践能力，还可以帮助教师更好地理解物流专业学生当前的需求和当前所面临的困难。同时，在物流实践教学过程中，提供专业的指导也是非常重要的。学校可以通过邀请物流行业的外部专家开讲座以及为学生提供一对一的专业辅导，或是由企业为高校物流专业在某项目前物流企业所急需的技能方面组织专门的培训等方式来实现。

综上所述，地方高校通过明确物流实践教学目标、加强物流实践教学内容设计、创新物流实践教学手段、强化物流实践教学设施以及构建科学的实践教学评价体系等方式来提升地方高校物流专业的实践教学水平。在实践中还可通过与其他国家的物流学校或物流机构建立合作关系，为物流学生提供国际交流和实习的机会，以开阔他们的国际视野，增加实践经验。地方高校也可通过推行导师制等方式，为学生在实践教学中分配个人导师，为其物流实践提供个性化的指导和支持，帮助他们解决学习和实践中遇到的特殊问题，从而进一步改善实践教学效果。

另外，为了更好地保持地方高校的物流专业的竞争力和可持续发展，还必须密切关注物流行业的动态发展趋势。随着技术的发展和物流行业的变迁，物流实践教学的内容和方法必须与行业需求同步更新，并适时调整物流实践教学的内容和方式，使之与行业需求同步。

第四节　加强学科交叉与融合

一、加强学科交叉与融合的必要性

（一）四新建设的开展

近年来，"四新建设"是中国高等教育领域继"双一流"建设之后又一项重要的国家战略。"四新建设"，是指新工科、新医科、新农科、新文科的建设。2017年2月，教育部在复旦大学组织召开了高等工程教育发展战略研讨会，参会的高校探讨了新工科的内涵特征、建设路径，并达成了十点共识。这一事件标志着新工科建设的开始。同年6月，教育部发布了《关于开展新工科研究与实践的通知》，正式启动新工科研究与实践项目。此后，新工科的理念与实践在全国高校范围内得到了广泛推广和实施。之后，新医科、新农科、新文科也相继推出。新医科有医学教育"大国计、大民生、大学科、大专业"的新定位，新农科有"安吉共识""北大仓行动""北京指南"三部曲，新文科有推进工作会发布的《新文科建设宣言》等。2019年4月，教育部在天津大学召开了"六卓越一拔尖"计划2.0启动大会，正式全面启动新工科、新医科、新农科、新文科建设。同年，教育部发布了《关于深化本科教育教学改革全面提高人才培养质量的意见》，要求"以新工科、新医科、新农科、新文科建设引领带动高校专业结构调整优化和内涵提升"。

综上所述，"四新建设"是中国高等教育领域推出的重要战略举措，旨在推动中国高等教育的高质量发展，以便提高人才培养质量，适应经济社会发展的需要。通过一系列政策和文件的引导和推动，四新建设在高等教育领域已经得到了广泛的关注和实践，并成为高等教育改革的重要方向和趋势。随着"四新建设"的开展，学科交叉融合与协同发展成为高等教育改革的重要趋势之一。

（二）物流专业的交叉综合性

首先，物流类专业属于典型的交叉综合性学科，与新工科、新文科的理念极为契合。物流学涉及的领域非常广泛，包括自然科学、社会科学和工程技术科学等多个领域，因此需要融合多学科的知识和技能。其次，物流学涉及生产、流通和消费等多个环节，涵盖了国民经济的许多部门，因此需要与其他学科如经济学、管理学、工学等进行交叉和融合。再次，物流学不仅需要解决具体的物流问题，还需要从战略和全局的角度出发，为企业的经营管理提供决策支持，因此需要的不仅是某一个学科的知识和技能。最后，物流学需要不断适应和应对外部环境的变化，包括政策法规、市场竞争、技术进步等，因此需要与其他学科如法律、经济、技术等进行交叉和融合。因此，物流类专业需要不断吸收和整合其他学科的知识和技能，形成具有交叉性和综合性特点的学科体系。

另外，随着"人工智能、云计算、大数据、区块链、数字孪生"等新技术不断产生，"电子商务、新零售、共享经济"等新产业、新模式不断诞生，以及国家颁布的有关"智能制造2025""创新驱动发展"以及"新旧动能转换"等系列重大战略的实施，原有的物流行业及物流教育也不断迎来新的挑战和机遇。随着各类新技术、新业态、新模式的诞生，传统的物流教育所培养的传统物流人才已经无法适应新经济形势下的物流人才需求。因此，培养具有跨界整合能力、创新意识并能够引领未来技术和产业发展的新型物流类人才，势在必行。

综上所述，物流专业发展交叉学科与融合，既是国家"四新建设"所提出的高等教育改革的必然趋势，又是为了迎接各类现实挑战的必然选择。首先，为了应对日益复杂的环境和不断迎面而来的新挑战，物流专业必须借助多学科的知识和方法，以形成跨学科的综合性解决方案。其次，高校通过物流与其他学科的交叉融合，可以丰富和深化物流类专业的专业知识，提高物流管理的效率和效果。再次，物流专业通过学科的交叉与融合，可以帮助物流企业在技术、管理、创新等方面形成独特的竞争优势，以提高物流企业的核心竞争力。最后，物流专业通过学科的交叉融合，可以更好地满足人才培养的需求，培养出更多具有创新能力、实践能力和跨学科解决问题能力的物流管理人才。总之，物流管理专业加强学科交叉与融合是为了更好地应对现实挑战、提高专业水平、提升核心竞争力、推动行业发展和适应人才培养需求。

二、学科交叉与融合的路径

（一）课程内容的交叉融合

在制订或修订物流专业人才培养方案时，可在物流专业的课程设置中开设与其他学科相关的选修课程，例如与经济学、国际贸易、市场营销等专业相结合的课程。这有助于物流专业的学生在掌握物流知识的同时，了解和学习到其他学科的相关内容。

（二）加强实践教学环节的交叉融合

在实践教学环节，可以增加与其他学科的交叉实践教学环节，或是开设能够综合体现多学科技能的综合实训项目，或是开展跨学科、多专业学生在一起共同实践的综合实训项目。这种交叉实训环节，不仅可以帮助物流专业学生综合应用多学科知识到实践中，帮助他们更好地理解和掌握所学知识；同时还可以为物流专业的学生创造与其他专业比如国际贸易、电子商务、会计学、经济学等专业的学生一起完成一些综合性较强的实践项目的机会。

（三）举办跨学科综合技能竞赛

为了让物流专业的学生更好地理解和运用多学科知识，并了解不同学科的底层逻辑，以及展开不同学科之间的合作与交流，物流专业可以多举办跨学科综合技能竞赛，或是鼓励学生积极参加非物流专业举办的综合性大商科类竞赛。举办这种跨学科综合技能竞赛，既让学生有机会了解和认识其他学科专业的学生，也有机会理解和应用其他学科的相关知识，同时还能锻炼学生在不同学科之间展开合作的沟通和团队合作能力。

（四）推动跨学科研究

鼓励物流专业的研究人员与其他学科的研究人员合作，开展跨学科的研究项目。这种跨学科的研究合作，不仅可以促进不同学科之间的交流和融合，同时也能为物流专业的研究人员带来新的启发和新的思路，从而促进物流学科自身的创新发展。

（五）举办跨学科研讨会

定期举办跨学科研讨，鼓励物流专业的研究人员和其他学科的研究人员一起参加，一起分享最新的研究成果和进展，从而促进不同学科之间的交流和合作。

（六）与其他学科专业共享课程资源

物流专业可以和多个学科专业共享一些交叉性课程及课程资源。比如，物流专业可以与计算机专业共享大数据、云计算、python 等课程，可以与国际贸易专业共享国际物流、国际贸易实务等课程等。与其他学科专业共享课程资源，例如教材、课件、实验设备等，可以促进不同学科之间的交流和合作，同时也可以提高资源的利用效率，节约教师的备课时间，提升教师的授课灵感和授课技巧。

综上所述，物流专业可以通过增设其他专业的课程，加强实践教学环节的交叉融合，举办跨学科竞赛、跨学科研讨会，以及与其他学科专业共享课程资源等方式来实现学科的交叉与融合，从而促进不同学科之间的交流与合作，推动物流专业的创新发展。

第五节　开展专业质量评估与监控

无论是《国家级一流本科专业建设点推荐工作指导标准》，还是《重庆市普通高校一流本科专业建设任务指引》以及《普通高等学校本科专业类教学质量国家标准》，都提到了人才培养质量以及质量保障的有关问题。因此，作为地方高校物流管理一流专业建设，则势必要开展专业质量评估和监控，以便更好地确保物流专业人才培养质量。

一、开展专业质量评估与监控的目的和意义

《普通高等学校本科专业类教学质量国家标准》中有关物流管理与工程类专业国家教学质量标准部分里明确指出：各专业应在学校和学院相关规章制度、质量监控体制机制建设的基础上，结合专业特点，建立专业教

学质量监控、评估、学生发展及培养方案调整跟踪机制。由此可知，专业质量评估与监控作为确保专业教学质量和专业人才培养质量的重要手段之一，已经被写入《国标》等相关政策文件，这表明其已经得到了政府的高度认可和重视，并已经发展为常态化的一种教学质量监控方式。在"双一流"建设国家战略背景下，地方高校物流管理一流专业建设中开展专业质量评估与监控，有着重要的目的和意义。

（一）保障物流管理专业教学质量

一流专业，本身就意味着较高的教学质量。在高等教育大众化和全球化的背景下，物流专业的质量和水平对于物流学生个人发展、高校声誉以及国家竞争力都有着至关重要的影响。因此，加强对地方高校物流管理一流专业的质量评估与监控，对物流管理一流专业的课程设置、师资队伍、教学资源、学生发展等方面进行质量评估，可以有效地保障教学质量，提高学生的学习效果和发展潜力，从而有效地保障物流高等教育的教学质量。

（二）便于发现问题，及时自我改进

定期举行教师自我评价、同行评教、学生评教活动以及建立外部有关物流专业教学质量状态数据监测评估体系等进行评估与监控，可以及时发现物流管理一流专业存在的问题和不足，进而进行自我改进和激励，推动地方高校物流管理一流专业的持续发展。同时，这种评估和监控也有利于高校发现自身的优势和特点，不断凝练自身物流专业的特色，从而形成自身的核心竞争力。

（三）可以更好地满足社会需求

社会对物流人才的需求是不断变化的，而通过对物流管理一流专业建设进行质量评估与监控，可以让地方高校及时发现社会需求的变化，以满足社会对人才的需求。另外，高校通过毕业生、社会及用人单位的反馈与评价，以及对物流管理一流专业的社会服务能力、就业情况等方面进行质量评估，可以及时了解社会对物流管理专业的需求和评价，从而调整和优化物流专业人才培养方案、课程设置、教学内容等，以便物流专业能够更好地服务于社会需求。

同时，在专业质量评估与监控中，还可以促进学科的不断发展，推动学科的交叉融合，提升物流学科的整体水平。专业质量评估与监测，也意味着后续资源配置的调整与优化。因此，在专业质量评估与监测中，具有良好表现结果的地方高校的物流专业，将会通过评估进一步提高其高校物流专业的社会声誉，从而在招生中吸引更多的优质生源，在专业建设中吸引更多的优质社会资源。因而，其在下一轮的一流专业建设评定中将会具有更多的优势。

综上所述，开展专业质量评估与监控对物流管理一流专业建设具有重要意义，可以有效地保障教学质量，发现问题，进行自我改进，满足社会需求，促进学科交流和发展，提高教师教学质量，走向国际化，以及支撑我国物流业高质量发展。

二、高等教育质量评估与监测发展历程

本书按照高等教育质量评估各阶段发生的时间顺序对其发展历程和特点进行了梳理和总结，如表 5-7 所示。

表 5-7　高等教育质量评估与监测的发展历程与特点

时间段	发展历程	特点
研究阶段（1985 年以前）	质量关切下我国开始对本科教学质量监测评估进行探索	此阶段主要进行高等教育质量监测评估的可行性研究，处于起步阶段
试点评估阶段（1985—1990 年）	我国开始试点本科教学质量监测评估工作	这一阶段主要在高等教育领域内试点，探索评估的形式和方法
扩大试点和推广阶段（1991 年至今）	在前期试点的基础上，我国本科教学质量监测评估工作开始在全国范围内展开	此阶段评估工作进一步推广，高等教育质量监测数据国家平台开始建设
初步建立"五位一体"本科教育教学评估监测体系阶段（"十二五"以来）	我国持续推进高等教育质量评估监测制度建设，初步建立了以学校自我评估为基础，院校评估、专业认证、国际评估和教学基本状态数据常态监测为主要内容的"五位一体"本科教育教学评估监测体系	这个阶段我国本科教学质量监测数据指标主要集中于"资源、投入"的范畴，对学生发展过程的关注不够，对学生发展的监测也较为单薄

根据表 5-7 的内容，我们不难得出以下几点启示：

第一，本科高等教育质量评估与监测是持续的过程，需要不断改进和完善。从起步阶段的可行性研究，到试点评估，再到扩大试点和推广，以及目前的"五位一体"本科教育教学评估监测体系，评估和监测工作在不断探索、发展和完善。

第二，高等教育质量评估与监测需要多方面的参与和合作。从评估和监测的实践来看，涉及的方面越来越多，包括学校、政府、行业、学生等各方面。各方在评估和监测中的角色和作用也在不断变化和调整，共同推动高等教育质量的提升。

第三，高等教育质量评估与监测需要制度化和规范化。随着评估和监测工作的深入推进，相关的制度建设和规范制定越来越重要。建立完善的制度和规范体系，可以确保评估和监测工作的科学性和有效性，提高高等教育质量保障的水平。

第四，高等教育质量评估与监测需要注重学生发展和学习过程。尽管目前的评估和监测工作已经开始关注学生发展，但还需要加强对学生发展过程的关注和学习过程的监测。这将有助于更好地了解学生的学习需求和问题，为改进教学质量提供更有针对性的建议。

第五，高等教育质量评估与监测需要适应时代的需求和变化。随着社会的进步和高等教育的发展，评估和监测工作也需要不断更新和发展。要注重借鉴国际先进经验，结合本土实际，不断优化评估和监测的策略和方法，以更好地适应时代的需求和变化。

总之，高等教育质量评估与监测的发展历程和特点给我们提供了宝贵的启示，也为未来地方高校一流专业建设的质量评估与监测提供了宝贵的经验和借鉴。

三、地方高校物流专业质量评估与监测的路径

（一）树立科学的质量管理理念

首先，科学的质量管理理念是地方高校物流管理专业实施质量评估与监测的关键。科学的质量管理理念能够通过系统的方法和工具，对物流教育的质量进行全面、系统、科学的管理和控制，从而确保物流教育能够满足市场需求，能够提高学生和用人单位满意度，并赢得市场信任。因此，基于第四阶段高等教育评估中以"学校自我评估为基础，院校评估、专业认证、国际评估和教学基本状态数据常态监测"为主要内容的"五位一体"本科教育教学评估监测体系而言，地方高校的物流专业质量评估与监测工作，需要坚持"全员、全方位、全过程"的全面质量管理理念，并在物流教育的全过程中做到全员参与其质量建设和质量管控工作中来。只有教师、学生、家长、学校、社会、企业等全部相关成员都开始关心物流专

业教育质量并参与进来，并将全面质量管理思想深入落实到物流教育中人才培养的每一个环节、每个方面，比如人才培养方案的设置、课程设置、教学过程、毕业实习以及毕业就业等各个环节各个方面，并将各方反馈信息作为改革调整的依据，以持续改善的心态做好物流教育，最终一定能达到提高物流专业教育质量的目的。

其次，在物流专业质量监测与评估中，依然可以借鉴企业界所用的PDCA循环模型来对物流专业的质量进行动态的持续改善。本书结合PDCA理论，将物流专业质量监测与评估的持续改善绘制成表格，如表5-8所示。

表5-8　物流专业质量改进 PDCA 模型

步骤	方法	具体内容
plan	调查研究和数据分析	1. 进行市场调查和客户需求分析，了解企业对物流人才的需求和标准
		2. 进行现有教学资源的评估，包括师资力量、课程设置、实践教学等方面
		3. 制定教学质量标准和教学目标，明确物流管理专业学生应具备的能力和素质
		4. 针对存在的问题，制订改进计划和实施方案
do	优化教学资源	1. 加强师资队伍建设，提高教师的专业素养和教学水平
		2. 优化课程设置，加强实践教学和案例分析，提高学生的实际操作能力
		3. 更新教学设备和教材，满足现代物流管理领域的需求
check	监督和检查	1. 对教学质量进行全面检查，确保教学质量得到有效控制
		2. 对收集到的学生和用人单位的反馈意见进行分析和处理，找出存在问题的原因
		3. 定期对教学计划和实施方案进行评估，以便发现改进点
act	纠正和改进	1. 根据教学质量检查的结果，对教学计划和实施方案进行修改和完善
		2. 对存在问题的环节进行纠正和改进，并落实相应的改进措施
		3. 总结本次质量改进的经验和教训，并将其应用到未来的物流管理专业教学中

因此，为了确保地方高校物流专业建设质量符合国家要求，同时不断提升地方高校物流专业的办学质量，有必要树立科学的全面质量管理理念，并借用科学的质量管理方法对物流专业的方方面面进行质量监测和控制，同时以持续改善的心态不断地自我进化和提升，从而真正实现以评促建并不断提高物流专业教育质量的目标。

（二）构建科学完善的质量评估指标体系

质量标准对于质量管理和质量改进具有重要作用。一方面，质量标准会明确规定产品或服务的质量要求和操作流程，从而为企业提供明确的质量目标和要求；另一方面，通过制定和执行质量标准，企业可以建立一套科学、规范和高效的质量管理体系，实现对产品或服务质量的全面控制。同时，对质量管理体系的不断改进和优化，可以促进质量的持续提升，降低成本和风险。因此，高等教育质量监测与评估，也是基于此思想而建立的高等教育质量评估指标体系。

由于我国各地方高校所处区域的经济发展水平不同，其办学实力和办学条件不同，办学目标和办学层次也不相同，虽然都是物流管理专业，但也不能用一个简单且统一的指标体系来评价不同地方高校的物流管理专业。因此，只有建立科学合理的质量评估指标体系，才能真正有利于评价和改进地方高校的物流管理专业教育质量。

一是以《国家级一流本科专业建设点推荐工作指导标准》为依据，针对地方高校物流专业设计出科学的、操作性强的、有针对性的且符合我国地方高校物流专业办学实际的评估指标体系。在设计指标体系时不能只注重"资源、投入"这类量化的可见的物质类因素，还要注重"精神""文化""特色""理念"等不能量化的不可见的非物质类因素的影响，将各地方院校物流专业的办学理念、办学定位、专业文化氛围、专业发展历程、专业特色、师生精神面貌等因素纳入指标体系。同时，将定性与定量相结合，并特别注重学生、用人单位等重要利益相关人的评价。

二是在标准体系中强调建设过程中的改进效果。由于各高校的最初办学实力及资源优势等各不相同，仅做高校之间的横向比较，对地处经济欠发达地区的高校以及新建本科高校等未免有失公平。因此，在横向比较的同时，也可做纵向比较，看看该高校物流专业历年来呈现出来的改进效果是否明显，以及其未来变化趋势将是什么等。

因此，对于地方高校物流专业质量评估与监测，一是要落实《国家级一流本科专业建设点推荐工作指导标准》以及《普通高等学校本科专业类教学质量国家标准》中对物流专业质量做出的基本要求，包括师资、办学条件、课程设置、教学基础设施、质量保障等；二是在此标准基础上，各地方高校物流专业还要因地制宜地制定各自学校物流专业的具有针对性和操作性的质量标准；三是在质量监测与评价中要做好纵横结合，既要看到自己院校物流专业与其他高校物流专业之间的差距以便明确改进的方向和目标，又要看到自身的进步，从而坚定未来发展的步伐和信心。

（三）不断丰富和发展质量监测主体

首先，我们必须明确地方高校物流专业质量监测与评估的目的是不断提升物流教育质量，从而确保物流专业人才的培养质量符合规格要求，满足用人单位的需要。因此，地方高校物流专业质量监测与评估，从根本上而言是为地方高校物流教育的质量改进提供有价值的参照，从而便于地方高校物流专业做出资源调整或是改进决策等。其次，这种改进既能够提高地方高校物流专业的办学质量，从而提高学校声誉和影响力，为其后续进入更高一级的一流专业申报和吸引更为丰富而优质的教育资源奠定基础，又能够为用人单位输送更能满足其需求的物流专业人才，从而服务于地方经济的发展。因此，地方高校物流专业质量改进，在最终结果上将会令学生、学校、用人单位及整个社会都受益。基于此，地方高校物流专业质量监测与评估，应当具备多元化的评价与监测主体，并得到更为广泛的支持以及参与。

第六章 地方高校物流管理一流专业建设的保障措施

地方高校物流管理一流专业建设是一个复杂的系统工程，不仅涉及高校物流管理系的领导和教师，还涉及该校许多其他部门的领导与教师的参与和努力。物流管理一流专业的建设，有赖于其所在高校的管理规章制度、经费投入、资源条件、组织保障等多方面因素的保障和支撑。有了这些保障的机制和条件，才能使物流管理一流专业的建设顺利进行，从而确保物流管理一流专业的专业建设质量和人才培养质量的提升。因此，本书将从物流管理一流专业的管理体制与资源条件等多个方面去探讨并提出保障措施，以保障地方高校物流管理一流专业建设的有效运行。

第一节 管理制度保障

教学管理作为学校管理的基本工作，对物流专业人才培养质量有着重要的影响。地方高校应进一步完善物流管理一流专业的教学管理体制，进一步明确物流管理一流专业建设各管理机构的职能与职责，促进地方高校物流管理一流专业建设各职能部门的协同与配合，并加强一流专业建设中各项管理制度的建设，促进物流管理一流专业教学管理的规范性和科学性，提高物流专业教学质量，提高物流管理一流专业人才培养质量以及保障物流管理一流专业建设的有效运行。

另外，物流管理一流专业的建设离不开高校领导层面的重视和各个部门的共识与努力。因此，学校领导层面应高度重视物流管理一流专业的建设，并从顶层设计层面针对物流管理一流专业建设构建科学高效的管理制度。一是要统一思想，统一行动。地方高校应通过组织召开各种层面的会议，广泛宣传一流专业建设对学校、对教师、对学生的重要性，使建设物流管理一流专业的意识深入各层面教职员工以及广大学生的内心，让大家都能充分认识到物流管理一流专业建设的重要性和紧迫性，从而提高各层面教职员工及学生的思想站位和行动力等。二是地方高校在物流管理一流专业建设过程中，应不断梳理和总结内部管理机构的各种管理经验和教训，并根据学校发展规划和物流管理一流专业的建设进程不断调整和优化现有组织架构，同时完善相应的工作制度和工作流程，以保证物流管理一流专业的各项建设都有专人负责且责任明确，以便有序推动物流管理一流专业的各项建设工作。三是各项制度建设，除了约束性、指导性和强制性的特征之外，更需特别注意制度的激励性。各项工作的最终开展及开展的效果，从根本上而言，取决于执行者的责任心和积极性。因此，如果一项制度，对于员工而言失去了激励性，即便教职员工在制度的规定和强制下必须去执行，却不一定能够真正执行到位，也不能够真正达到预期的执行效果，从而难以真正实现制定该项制度的最初目的。所以，在各项规章制度的制定和完善过程中，务必注意该项制度究竟是否能够对师生产生激励效应。

第二节　经费保障

随着全球经济的快速发展，物流管理专业在高等教育中的地位日益提升。地方高校作为培养应用型物流管理人才的重要基地，其物流管理一流专业的建设对于提高我国物流行业的整体水平具有至关重要的作用。然而，要实现这一目标，必须首先解决物流管理一流专业经费保障的问题。

一、经费保障的重要性

一流的专业建设需要一流的教学科研基础条件。教学科研基础条件，指的是从事教学和科研工作所必需具备的基本条件，比如各种硬件设施和软件资源等。《普通高等学校本科专业类教学质量国家标准》中就明确规定了各个专业所需的基本的硬件设施和软件资源等，比如实验室、实训设备、图书资料、计算机、教室、各种计算机软件等基本设施。由此可见，教学科研基础条件是本科高校教师和学生从事教学和科研工作所必需具备的基本条件，是提高教学质量和科研水平的重要保障。因此，作为地方高校物流管理一流专业建设，要确保教师和学生拥有良好的教学、科研环境，拥有良好的实验实训设备以及实践环境等，就必须具备一流的教学科研基础条件保障。

一流专业的教学科研基础条件保障，需要有充足的经费支撑。没有充足的建设经费，就没有办法打造一流专业的教学科研基础条件。首先，只有有了充足的建设经费，才可以不断改善教学设施，引进各类现代化的教学软件，建设各种现代化的实验室、实训室等。有了充足的经费，才能提高教师待遇，吸引更多优秀的教师资源，从而提升教学质量。其次，强有力的经费保障才能推动科研创新。充足的经费支持可以为教师创造更好的科研环境和科研氛围，可以鼓励教师开展科研活动，提高科研水平，推动物流管理的创新与发展。最后，充足的经费保障，还可以拓宽实践教学。有了充裕的建设经费，高校就可以建设更好的实验室、实习基地等，从而有利于加强实践教学，提高学生的实际操作能力和就业竞争力。

因此，经费保障对地方高校物流管理一流专业的建设具有关键性的作用。经费有了保障，物流管理一流专业的教学与科研，才能拥有足够的资源与投入来进行建设。

二、经费保障措施

（一）拓宽经费来源和渠道

地方高校物流管理一流专业想要获得更多更充足的经费支持，就必须想办法拓宽经费来源和渠道，从而争取到更多经费，以保障物流管理一流专业的建设投入。常见的方式有如下几种：

第一，争取政府支持。地方高校应积极争取政府相关部门的支持，包括教育部、科技部、财政部等。可以申请项目资金，如"双一流"建设经费、重点学科建设经费等，以支持物流管理一流专业的建设。

第二，通过产学研合作，获取企业资金支持。地方高校物流管理专业可以与企业、科研院所等机构开展产学研合作，共同推进科研项目，提高学术水平。地方高校与企业合作，一方面，可以通过共建物流实验室、物流实训基地等方式，获得企业的部分资金支持，或是直接利用企业的现有资源，为学生提供实践实习的机会；另一方面，还可以通过高校物流管理专业的科研团队承接企业的横向课题，既可以利用高校的科研优势为企业提供相应的科研服务以解决企业的现实问题，又可以从企业争取到部分资金用于高校的科研建设等，可谓一举多得。

第三，寻求社会捐赠。地方高校物流管理一流专业，在建设中可以积极寻求社会捐赠，包括校友捐赠、企业捐赠等。地方高校物流专业，历年来已经培养出无数杰出的物流人才，因此地方高校物流管理专业可以通过设立物流校友会，建立优秀校友档案，从而争取到优秀校友的捐赠。同时，社会也不乏许多优秀的物流企业以及有社会责任和社会担当的杰出企业家愿意为教育事业做出自己的贡献，从而捐赠款项给学校。因此，地方高校物流专业可以为校友捐赠、企业捐赠甚至社会杰出个人捐赠等设立专门的管理机构和制度，规范捐赠资金的用途，并监督捐赠资金的适用，确保捐赠资金用于物流一流专业的建设。

第四，自主创收。地方高校可以鼓励物流专业的教师开展各类科研项目，积极申请各类科研经费。同时，可以鼓励物流教师积极服务社会，开展技术转让、物流咨询等业务，从而获得收入用于物流管理一流专业的建设。

第五，资源共享。地方高校物流管理专业，还可以与其他高校、机构建立广泛的合作关系，从而在许多层面实现资源共享。比如可以与附近高校物流专业共享物流实验室、实训设备等资源，或是与其他高校共享物流实训基地等，从而降低建设成本，提高资源利用效率。

第六，创新融资方式。地方高校还可以探索创新融资方式，如资产证券化、融资租赁等，吸引更多的社会资本投入物流管理一流专业的建设。

总之，拓宽地方高校物流管理一流专业的建设经费需要高校多方面探索和争取支持。地方高校可以通过争取政府支持、产学研合作、社会捐赠、自主创收、资源共享、创新融资方式等途径，不断扩大经费来源，从而加大物流管理一流专业的建设投入。

（二）预算科学化

地方高校物流管理专业，在有了一定的经费保障之后，还需要建立科学的预算制度，保证物流管理一流专业建设经费的合理使用和透明度。地方高校在预算编制过程中，应充分考虑物流管理一流专业的实际需求，确保经费预算能够满足教学、科研等方面的需求。同时，地方高校应加强预算执行过程中的监督和管理，防止经费被浪费或挪用现象的发生。

第三节　组织保障

一、组织保障的含义和内容

组织保障是指为某一特定目的服务的组织机构、相关人员的组成及其运行。地方高校物流管理一流专业建设中的组织保障指的是为了物流管理一流专业的建设和发展，所建立的相应的组织机构、相关人员及其运作方式和制度的总称。具体而言，它包括如下几个方面的内容。

第一，组织机构的设立。为了物流管理一流专业的建设和发展，需要设立相应的组织机构，如物流学术委员会、物流教学指导委员会、物流课程建设委员会以及基层教学组织等，这些组织机构需具备一定的专业性、自主性和代表性等，以便更好地服务物流管理一流专业的建设。

第二，人员的组成和职责。物流管理一流专业的建设需要具备一定资质和经验的人员来担任相应的职务，如专业负责人、课程负责人、实践环节负责人等。这些人员需具备一定的物流专业背景、物流教学经验和物流实践经验等，以便更好地履行自己的职责。

第三，运行机制。组织保障还包括运作方式和制度的制定和执行，如制定物流教学计划、质量监控、考核评价等制度，以确保物流管理一流专业的建设能够有序、高效地进行。

第四，外部支持。物流管理一流专业的建设不仅需要校内资源的支持，还需要校外资源的支持，如企业、行业、社会团体等，这些外部支持可以为物流专业学生提供更多的实践机会以及技术创新等方面的支持。

总之，组织保障是为了确保物流管理一流专业的建设和发展具备必要的人力、物力和财力资源，并实现资源的优化配置和有效利用所建立的制度体系，是推动一流专业建设的重要保障之一。

二、重点加强基层教学组织建设

（一）做好物流专业基层教学组织的顶层设计

物流专业基层教学组织作为地方高校开展物流教学、教研工作的基本单位，对高校物流专业教育质量的提升和物流人才培养质量起着关键性作用。因此，对于地方高校物流管理一流专业建设来说，在组织建设方面，需要以顶层的视角对其进行统筹规划，然后对物流管理专业基层教学组织进行动态优化和调整。首先，各个地方高校的物流管理专业一流的专业建设，应当结合其办学定位，明确其物流人才培养目标的基础上不断优化调整其基层教学组织的设置，确保其功能得到最大限度发挥。因此，地方高校在物流管理一流专业的建设中，必须深入了解基层教学组织的真实情况，了解组织成员是否出现士气低落等问题，如果有，则需及时找到原因，并找出解决方案和对策。其次，地方高校需要不断采取措施对物流专业基层教学组织进行必要的优化，以确保基层教学组织能够更好地发挥作用。

（二）做好物流基层教学组织的权责分配

物流基层教学组织作为地方高校物流专业教学教研工作第一线的组织，担负着物流管理一流专业建设的绝大部分教学与科研等工作。因此，如何确保物流专业基层教学组织的活力，激发组织成员的积极性和主动性，是物流基层教学组织在权责分配中需要思考的问题。因此，需要建立健全物流专业基层教学组织的权责分配机制，避免出现权责失衡等问题。如果物流基层教学组织在承担教学、科研及评估等重任时却没有丝毫的自主权和决策权，则势必会丧失工作的积极性和主动性。因此，不妨将权利适当下移，一方面可以缓解上层管理组织的管理压力，另一方面也可以赋予基层教学组织在教学科研方面一定的自主权，从而确保其在开展教学科研工作中具有一定的灵活性和弹性，从而确保其能够顺利开展各项教学及科研等工作。

（三）进行组织创新，打造一流师资团队

一流的师资团队对地方高校物流管理一流专业建设具有至关重要的作用。第一，一流的师资团队通常具备丰富的教学经验和卓越的教学能力，他们能够提供更加优质的课程教学和实践指导，能够帮助获得更为丰富的专业知识，从而提高物流专业教育质量。第二，一流的师资团队通常具备深厚的学术素养和科研能力，他们能够通过开展物流学科研究，推动物流学科的发展和进步，进而为物流管理一流专业建设提供强有力的学术支持。第三，一流的师资团队通常注重培养学生的创新能力和实践能力，他们能够通过引导学生开展实践活动和科研项目，激发学生的创新思维和创新精神，从而为社会培养出更多的创新型物流人才。第四，一流的师资团队通常注重实践教学和实践基地的建设，他们能够为学生提供更多的实践机会和实践指导，帮助学生将理论知识应用于实践中，从而提高学生的实践能力和综合素质。第五，一流的师资团队通常具有较高的社会知名度和影响力，他们能够通过参与社会活动、担任顾问等方式，增强物流专业的社会影响力，提高物流专业的社会声誉。总之，一流的师资团队是一流专业建设的重要支柱，只有拥有高素质的教师队伍，才能为物流管理一流专业建设提供强有力的支持，为社会培养出更多的优秀物流人才。因此，物流管理一流专业的建设，离不开一流的师资团队。

为了更好地打造一流的师资团队，我们在基层教学组织的建设中可以大胆地尝试不同做法，也可以借助现代信息工具进行组织形态的创新，比如打造物流虚拟教研室平台，从而整合不同高校、不同学科以及不同企业的人员及相关资源。根据现有的研究，以下一些做法将有助于打造一流的师资团队。

第一，构建跨学科教学团队。构建跨学科教学团队，可以促进不同学科之间教师的交流和合作，从而拓展物流专业教师的学术视野和思维方式，从而提高物流教学质量和效果。还可以组织不同学科的教师共同制定教学计划、合作备课、开展学术交流等，促进跨学科教学的实施和推广，从而促进物流专业与其他学科专业的交叉融合。

第二，成立物流专业教学研究所。物流专业教学研究所可通过组织教师开展教学研究和学术研究，以提高教师的学术水平和教学能力。还可以邀请知名专家学者担任研究所顾问，指导物流教师进行教学研究，鼓励物流教师积极申报各级科研项目，发表学术论文，提高物流专业教师的科研能力和学术水平。

第三，建立物流专业教师发展中心。物流专业教师发展中心应为物流教师提供职业发展规划、教学技能培训、课程开发等方面的支持和服务，一方面可以提高物流教师的教学能力和职业素养，另一方面还可以缓解物流教师的职业迷茫，为其勾画美好的职业蓝图，从而塑造物流专业教师的职业信心。

第四，推行教师互派交流制度。地方高校可通过组织教师到其他高校或机构进行访学、讲学、参加学术会议等活动，促进教师之间的相互学习和合作，拓展教师的学术视野和思维方式，提高教师的综合素质和教学能力。

第五，鼓励教师参与物流实践。地方高校可以组织物流教师到物流企业、政府机构等单位进行实践锻炼、担任兼职顾问等，让教师深入了解社会真实的物流需求，积累真实的物流实践经验，促进物流教师理论与实践的结合。

总之，利用组织创新打造一流师资教学团队需要从多个方面入手，构建跨学科教学团队、成立专业教学研究所、建立教师发展中心、推行教师互派交流制度、鼓励教师参与社会实践等都是有效的措施。同时，地方高校还需要注重激发教师的积极性和创造性，营造良好的学术氛围和团队文化，提高教师的教学能力和学术水平，推动师资教学团队的可持续发展。

第七章　案例分析与实践探索

第一节　重庆市典型案例

本节内容，依据艾瑞深校友会网 www.cuaa.net 大学 360 度全景数据平台对重庆市高校物流管理专业的排名和分类，选取了排名靠前的几所高校作为典型研究案例来进行深入研究和分析，试图总结和提炼出重庆市地方高校物流类专业建设的经验，为重庆市其他地方高校物流管理专业的建设提供有价值的参考。

一、重庆市典型案例的选取

首先，根据艾瑞深校友会网的统计，本书梳理出了重庆市 2023 年中国各大学本科专业排名在 3★以上的高校，如表 7-1 所示。

表 7-1　2023 中国各大学本科专业排名

地区	高校类型	各大学本科专业排名（3★以上）
重庆	公办大学	1. 重庆大学；2. 西南大学；3. 重庆医科大学；4. 西南政法大学；5. 重庆交通大学；6. 重庆邮电大学；7. 重庆师范大学；8. 重庆工商大学；9. 重庆理工大学；10. 四川美术学院；10. 四川外国语大学；12. 重庆科技大学；13. 重庆文理学院；14. 长江师范学院；15. 重庆三峡学院；16. 重庆第二师范学院；17. 重庆警察学院
	民办大学	1. 重庆移通学院；2. 重庆外语外事学院；3. 重庆城市科技学院；4. 重庆人文科技学院；5. 重庆对外经贸学院；6. 重庆工商大学派斯学院；7. 重庆财经学院；8. 重庆工程学院

资料来源：艾瑞深校友会网 www.cuaa.net 大学 360 度全景数据平台

如表 7-1 所示，重庆地区所有本科专业排名在 3★以上的本科高校，公办有 17 所，民办有 8 所。

其次，本书根据重庆市大学物流类专业排名，梳理了其物流类专业排名在 3★以上的高校，其内容如表 7-2 所示。

表 7-2　校友会 2023 重庆市大学物流类专业排名

专业名称	专业类别	档次	全国排名	星级	学校名称
供应链管理	应用型	A+	3	4★	重庆第二师范学院
	应用型	A+	3	4★	重庆科技大学
物流工程	研究型	B++	12	4★	重庆大学
	应用型	A+	3	6★	重庆文理学院
	应用型	B+	24	3★	长江师范学院
物流管理	研究型	A+	7	5★	重庆大学
	研究型	A	14	4★	重庆工商大学
	研究型	A	14	4★	重庆交通大学
	研究型	B++	46	4★	西南大学
	应用型	A	28	5★	重庆科技大学
	应用型	B++	58	4★	重庆财经学院

资料来源：艾瑞深校友会网 www.cuaa.net　大学 360 度全景数据平台

根据表 7-2，可知在重庆地区，物流类专业开设了供应链管理、物流工程及物流管理等具体专业。其中，开设供应链管理专业的高校 3★以上的最少，仅占 2 所；开设物流管理专业的高校 3★以上的最多，占了 6 所，其中属于研究型的有 4 所，应用型的有 2 所。在开设物流管理专业且排名在 3★以上的高校中，重庆大学和西南大学为中央部属高校，其余 4 所为非中央部属高校，且在 4 所非中央部属高校中有 3 所为公办院校，1 所为民办院校。且这 4 所非中央部属高校，在物流管理专业方面各有特色。因此，基于本书研究主题和研究范围，笔者选取了这 4 所非中央部属高校作为研究的典型案例，即重庆工商大学、重庆交通大学、重庆科技大学、重庆财经学院。

为了进一步明晰上述 4 所高校在学校类型和专业类别上的异同，本书进一步将重庆工商大学、重庆交通大学、重庆科技大学、重庆财经学院的有关基本情况总结如表7-3所示。

表7-3　重庆市物流管理专业典型案例高校

学校名称	高校类型	专业类别	档次	全国排名	星级	办学层次
重庆工商大学	公办大学	研究型	A	14	4★	中国高水平专业
重庆交通大学	公办大学	研究型	A	14	4★	中国高水平专业
重庆科技大学	公办大学	应用型	A	28	5★	中国一流应用型专业
重庆财经学院	民办大学	应用型	B++	58	4★	中国高水平应用型专业

资料来源：根据艾瑞深校友会网 www.cuaa.net 整理。

由表7-3内容所示，本次针对重庆范围内的地方高校物流管理专业的研究案例，主要选取了重庆工商大学、重庆交通大学、重庆科技大学、重庆财经学院。这种选择，主要考虑了以下一些因素：

第一，本书主要是针对地方高校物流管理专业进行研究，所以研究的主体范围主要指向非中央部属高校，因此没有选择重庆大学、西南大学等作为研究案例，而是选择了重庆工商大学、重庆交通大学等高校。

第二，本书所指的地方高校，既包括公办高校，也包括民办高校。因此，本书在案例的选取上既选取了重庆工商大学、重庆交通大学、重庆科技大学等公办高校，也选取了重庆财经学院这样的民办高校。

第三，本书所指物流管理专业一流专业建设，既可能是研究型的，也可能是应用型的。因此，为了更好地进行对比分析，本书在专业类别上特意按照研究型和应用型的划分各自选择了2所高校。

综上所述，在有关重庆地区地方高校物流管理专业的建设典型案例选择中，本书综合考虑了高校的类型、高校的专业类别、高校的物流管理专业的排名等因素，以对比其异同，并提取不同的建设经验和启示，以供不同类别、不同办学层次的高校在物流管理专业建设过程中进行参照和改进提升。

二、重庆市典型案例高校物流管理专业建设情况

（一）研究型高校案例分析

本书在案例选取上，在物流管理专业类别中研究型高校占2所，即重庆工商大学和重庆交通大学。如表7-4所示，2所高校在高校类型上都属于公办大学，专业类别都为研究型。2所高校的物流管理专业在档次、全

国排名、星级及办学层次上均无差异。

表 7-4　重庆工商大学和重庆交通大学物流管理专业的排名信息

学校名称	高校类型	专业类别	档次	全国排名	星级	办学层次
重庆工商大学	公办大学	研究型	A	14	4★	中国高水平专业
重庆交通大学	公办大学	研究型	A	14	4★	中国高水平专业

资料来源：根据艾瑞深校友会网 www.cuaa.net 整理。

同时，为了更好地研究重庆工商大学和重庆交通大学在物流管理专业建设方面的异同，并凝练二者在物流管理专业建设方面的共同经验和启示，本书根据这两所高校的官网及网络发布的相关新闻，分别整理了其物流管理专业在历史沿革、师资、教学与科研平台、产教融合协同育人基地、人才培养目标、国际合作及学生就业等方面的情况，如表 7-5 和表 7-6 所示。

表 7-5　重庆工商大学物流管理专业情况汇总表（公办高校）

历史沿革	本科专业设立于 2002 年，2003 年正式招生。 依托学科：工商管理学科。 硕士点，2004 年设"现代物流"方向，2010 年设"供应链管理"方向和"物流管理与工程"方向。硕士所属一级学科均是重庆市重点学科。 专业荣誉：2012 年，物流管理专业被纳入重庆市一本招生，同年获批为校级特色专业，2016 年，获批为重庆市"三特行动计划"市级特色专业和校级卓越物流管理人才教育培养计划改革试点专业。2017 年，物流管理专业依托的工商管理学科获批为重庆市"一流学科"，2019 年，物流管理专业获批为重庆市一流专业和全国首批国家一流专业，2020 年获批为教育部物流管理与工程类新文科建设试点专业
师资	全国一流师资 26 名，其中教授/副教授 19 人，博士/硕士导师 22 人，85% 为博士，拥有国家教指委委员、重庆市优秀教师、重庆英才·创新领军人才和青年拔尖人才、巴渝学者·青年学者、重庆市高校中青年骨干教师、重庆市高等学校优秀人才支持计划项目、重庆工商大学教学名师等高层次人才 18 人次
教学与科研平台	拥有国家级虚拟仿真中心、国家级经管实验中心和重庆现代商贸物流与供应链协同创新中心等 8 个国家及省部级教学与科研平台

表7-5（续）

产教融合协同育人基地	与重庆国际物流集团、渝新欧、长安民生物流、西部陆海新通道、京东物流等知名物流企业建立产教融合协同育人基地
人才培养目标	培养物流企业运营与管理、物流数据分析与处理、物流运营决策与创新等国际化创新型应用型高端物流人才
国际合作	与比利时安特卫普管理学院联合培养全球供应链管理硕士
就业	毕业生一次就业率约96.2%，优质就业率约66.3%，升研（国外读研）率18.6%。优质就业主要去向渝新欧、中外运、西部陆海新通道、长安民生等国际国内大型第三方物流企业或地方物流办、高新区等政府部门及事业单位

资料来源：根据重庆工商大学官网整理。

表7-6　重庆交通大学物流管理专业情况表（公办高校）

历史沿革	物流管理专业，源于1982年在交通部要求下所开办的交通运输管理本科专业；1997年，经原交通部批准，在交通运输管理专业下设立了"货物运输管理专业方向"，开设了物流学、集装箱多式联运等一系列物流管理课程；2002年，在原交通运输管理专业"货物运输管理"专业方向基础上，开办了"物流管理"本科专业，次年开始招收本科生，是重庆市最早招收物流类本科生的学校，也是国内最早开始招收物流类本科生的学校之一。 专业荣誉：首批国家一流专业建设点，重庆市特色专业，重庆市三特行动计划特色专业，重庆市三特行动计划物流与商贸特色专业群的核心专业。 专业所依托的学科具有硕士、博士学位授予权，物流工程专业硕士点获得英国皇家物流与运输协会（ILT）国际认证，学生可以实现本硕博推荐免试直读
师资	师资力量雄厚（无具体数据）
教学与科研平台	智能物流网络重庆市重点实验室，重庆市智能供应链工程技术研究中心，重庆市重点人文社科研究基地口岸物流管理与航运经济研究中心
产教融合协同育人基地	重庆交通大学与重庆交通运输控股（集团）有限公司举行了产学研战略合作签约暨揭牌仪式。双方拟筹建"重庆国际物流学院"，培养共建"一带一路"、渝新欧、中新示范园区发展建设所需要的物流人才
人才培养目标	供应链设计和物流方案策划方面具有较强的实践能力、创新意识和团队协作精神的德智体美劳全面发展的高素质应用型人才

表7-6（续）

国际合作	物流管理国际教改班。重庆交通大学与澳大利亚博士山学院合作举办物流管理专业专科教育项目
就业	整体就业率保持在90%以上。从事企业供应链设计、物流方案制定、物流系统开发、物流工程技术应用及相关的科学研究与管理等工作，能够解决负责物流系统问题

资料来源：根据重庆交通大学官网整理。

根据表7-5和表7-6的内容来看，重庆工商大学和重庆交通大学的物流管理专业在很多方面具有相似之处，但又有细微的差异。

历史沿革方面：二者均设于2002年，并于2003年开始招生，属于重庆市较早开设物流管理专业本科的学校。两所高校的物流管理专业在发展中均获得了所在高校的高度重视，并成功获批重庆市特色专业、重庆市三特行动计划及国家级一流专业建设试点。不同的是，重庆工商大学的物流管理专业依托的是工商管理学科，目前尚无博士学位授予权，而重庆交通大学的物流管理专业依托的学科是有博士学位授予权的，且重庆交通大学物流工程专业硕士点获得英国皇家物流与运输协会（ILT）国际认证，学生可以实现本硕博推荐免试直读。

师资方面：重庆工商大学物流管理专业在官网上明确给出了师资数量、高级职称占比等，而重庆交通大学只是给出了师资力量雄厚而并无具体数据说明。整体而言，两所高校的师资力量都比较雄厚。

教学与科研平台方面：重庆工商大学和重庆交通大学都具有自己的教学与科研平台。但二者有较大的差异。重庆工商大学的教学科研平台，偏向于经管和商贸方向，体现了其所属一级学科工商管理学科的特点。重庆交通大学的教学科研平台，集中在"智能物流、智能供应链、口岸物流"等方面，与物流管理联系更为紧密，更能体现物流的学科特征。

产教融合协同育人基地方面：重庆工商大学和重庆交通大学均有自己的产教融合协同育人基地。不同的是，二者合作的企业略有不同。后者更体现了自己在交通运输这一块的资源特色和资源优势。

人才培养目标方面：重庆工商大学和重庆交通大学，均定位为培养高端应用型物流人才。不同的是，前者更加凸显和强调"国际化、创新型"并集中在运营、管理、决策等偏管理方面，后者在陈述方面相对保守一些，更为强调供应链设计和方案策划等方面的"实践能力及其他综合素质"，且相对较为倾向于物流工程和信息技术类。

国际合作方面：重庆工商大学与比利时安特卫普管理学院联合培养全球供应链管理硕士，重庆交通大学则是开通了物流管理国际教改班，以及与澳大利亚博士山学院合作举办物流管理专业专科教育项目。

就业方面：重庆工商大学和重庆交通大学二者就业率都达到了90%及以上，前者官网上给出了较为详细的数据并凸显了优质就业率及国内外升研学生占比情况，后者并没有。

综上所述，重庆工商大学和重庆交通大学在物流管理专业建设的各个方面，有很大相似之处，但也略有不同。总体上而言，二者都非常重视师资、专业定位、人才培养、产教融合及国际合作、学生就业等。综合各方面来看，重庆工商大学的物流管理专业更偏向于新文科，重庆交通大学的物流管理专业则更为偏向于新工科。

（二）应用型高校案例分析

在重庆市应用型高校典型案例方面，本书选取了重庆科技大学（公办高校）和重庆财经学院（民办高校）两所高校，来对其物流管理专业各方面的情况进行深入分析和研究。为了全方位地研究二者在物流管理专业方面的异同，本书对艾瑞深校友会网上有关两所高校物流管理专业排名以及两所高校官网上物流管理专业相关信息等情况进行了梳理和总结，如表7-7、表7-8及表7-9所示。

表7-7　重庆科技大学和重庆财经学院物流管理专业排名情况

学校名称	专业类别	档次	全国排名	星级	办学层次
重庆科技大学	应用型	A	28	5★	中国一流应用型专业
重庆财经学院	应用型	B++	58	4★	中国高水平应用型专业

资料来源：艾瑞深校友会网 www.cuaa.net 大学360度全景数据平台

如表7-7所示，可知重庆科技大学在物流管理专业的档次、全国排名、星级以及办学层次上，均明显高于重庆财经学院的物流管理专业。

重庆科技大学物流管理专业情况见表7-8。

表 7-8　重庆科技大学物流管理专业（公办高校）

重庆科技大学物流管理专业情况		
物流管理专业(中外合作办学)	基本情况	该项目为由教育部批准的中外合作办学本科项目，由重庆市科技学院与芬兰哈格-赫利尔应用科技大学合作，以综合利用两校各自的学科专业优势，采用4+0双学位模式。其中引进的专业核心课程由哈格-赫利尔应用科技大学派专业教师采用全英文授课。学生本科毕业且达到授位条件，可同时获得重庆科技大学与哈格-赫利尔应用科技大学学位证书
	培养目标	培养具有扎实的物流管理基础知识、较强英语应用能力、熟悉现代航空业发展动态，又能适应中国本土、重庆本地民用航空事业发展需要，掌握航空货运管理、航空物流运营、机场商业运营等实务技能。并具有一定决策、协调、组织能力的高素质应用型人才
	主要课程	管理学、物流学、物流经济学、仓储运输管理、采购管理、航空商务基础、航空商务环境、航空商务中的客户能力、航空商业运营、自我领导能力学习、航空商务中的销售与营销、现金的销售和创新、机场商业、航空货运、组织管理与领导力等
	毕业去向	可在航空管理部门、航空公司、机场公司、航空物流园区、航空运输代理公司等各类企事业单位管理部门工作
物流管理	培养目标	培养具有扎实的管理学和经济学基础理论知识，熟悉制造、流通企业和第三方物流企业的仓储、运输、配送等物流业务，掌握现代物流与供应链系统分析、设计、运营的基本理论、方法与技术，能从事物流业务运营管理级物流系统设计与优化等方面工作的高素质应用型人才
	主要课程	物流学、物流经济学、供应链管理、物流系统分析与设计、物流工程、物流信息管理、国际物流、仓储运输管理、采购管理等
	毕业去向	可在大中型生产制造企业、物流企业、商贸路通企业、政府有关部门从事仓储管理、运输管理、配送管理、物流信息管理、物流系统规划等物流管理相关工作
师资	14 人	略

资料来源：重庆科技大学官网

　　如表 7-8 所示，尽管重庆科技大学的物流管理专业的定位也为培养高素质应用型物流人才，但其在物流管理专业方面设有中外合作办学项目。中外合作办学的物流管理专业，充分地利用了中外两方各自的办学优势，比如引进的核心课程由外方全英文授课，且学生达到授位条件则可获得双学位证书。该项目直接服务中国本土尤其是重庆航空事业，服务面向非常清晰，学生就业去向明确。由此可见，在国际合作这一块，重庆科技大学优势明显。

另外，重庆科技大学还与重庆城市管理职业学院开通了现代物流管理专业（专科）与物流管理专业（本科）"3+2"分段人才培养，为重庆城市管理职业学院的现代物流管理专业（专科）的学生提供了直接就读物流管理专业（本科）的通道。

除此之外，在重庆科技大学官网上似乎看不到太多关于其物流管理专业的其他信息，但在外部第三方评价和排名上（比如艾瑞深校友会网）却获得了5★排名，可见其物流管理专业的社会认可度非常高。

考虑到办学经费投入是学校改善教学设施、引进优秀师资和开展科研项目的重要保障，而重庆科技大学作为市属高校，其办学经费主要来自财政拨款。因此本书通过重庆市教委官网整理了重庆市市属高校2022年度和2023年度的预算情况，如表7-9所示。

表7-9 重庆市属高校2022年度和2023年度预算经费情况

序号	高校名称	2023年预算/亿元	2022年预算/亿元	增减情况/亿元	增减比例/%
1	重庆工商大学	20.39	13.01	7.38	56.73
2	重庆师范大学	16.6	15.92	0.68	4.27
3	重庆医科大学	16.2	16.45	−0.22	−1.34
4	重庆交通大学	14.15	14.37	−0.22	−1.53
5	重庆理工大学	13.55	11.98	0.98	8.24
6	重庆邮电大学	12.88	11.9	0.98	8.24
7	重庆科技大学	9.94	8.79	1.15	13.08
8	西南政法大学	9.72	9.26	0.46	4.97
9	重庆文理学院	7.65	6.4	1.25	19.53
10	重庆三峡学院	7.41	7.41		
11	长江师范学院	6.76	6.86	−0.1	−1.46
12	四川外国语大学	6.52	6.25	0.27	4.32
13	四川美术学院	5.7	4.33	1.37	31.64
14	重庆第二师范学院	5.06	4.23	0.83	19.62

表7-9(续)

序号	高校名称	2023年预算/亿元	2022年预算/亿元	增减情况/亿元	增减比例/%
15	重庆中医药学院	2.26			
16	重庆警察学院	1.57	1.34	0.23	17.16

数据来源：重庆市教委官网

由表7-9可知，在2023年度重庆市属高校年度经费预算中，重庆科技大学的年度预算经费是8所学院中最高的，排在榜首。重庆科技大学，2023年度预算与2022年度预算相比，增加了1.15亿元，增幅达到了13.08%，并且其2023年度预算经费超过了西南政法大学和四川外国语大学。由此可见，重庆科技大学在办学经费方面获得了很好的资金支持，其办学经费充足。因此，尽管重庆科技大学在官网上并没有对各专业教学设施、科研平台、教学名师等做详细的宣传和描述，但不难想象其在师资引进和培育、产教融合、实践平台等方面因为有雄厚的资金支持而可以做得更好。

对比重庆科技大学，本书针对重庆财经学院物流管理专业也进行了相应的研究。通过重庆财经学院官网信息展示及其他网络相关信息，本书整理了其物流管理专业方面的基本情况，如表7-10所示。

表7-10　重庆财经学院物流管理专业（民办高校）

历史沿革	2007年建班招生；2011年，获物流管理学士学位授予权。 专业荣誉：2015年04月，获批立项校级"校级特色专业"；2015年12月，获批立项重庆市教委"三特行动计划"市级特色专业；2017年12月，获批立项以物流管理专业为核心的校级"现代物流特色专业群"
专业特色	以职业为导向，实现"方向培养、校企合作、订单式人才培养"；"校企人才联动培养"模式，形成四年实践不断线平台；开放办学，打造国际化师生团队
专业名师	张军，学术带头人，博士，教授，硕士导师，重庆市优秀教师、重庆市高校中青年骨干教师； 刘岱，学院院长，副教授，在读博士； 陈潇洋，双师型教学团队负责人，加拿大籍，专职教师，研究生学历，拥有十年海外学习、工作和生活经验； 杨佳骏，特聘教授，中华人民共和国重庆海关特派监督员、中华人民共和国西永海关特派监督员、中华人民共和国两路寸滩海关特派监督员； 蒋啸冰，双师型特聘教授，重庆精骅行供应链管理有限责任公司总经理，美国GLG格理集团专家团成员

表7-10(续)

师资	物流工程学院下设物流管理、电子商务、工业工程、物流工程四个本科专业。现有在校学生近800人,教师团队35人,其中,98%的教师具有硕士及以上学历,38%的教师拥有高级技术职称,30%的教师为业界双师型教师,已初步形成职称结构合理,学历层次较高的师资队伍
培养目标	本专业面向国际物流和供应链领域、城市(冷链)配送领域,适应区域经济社会发展的需要,具备物流和相关领域的专业知识和技能,适应仓库管理、运输管理、配送管理、物流信息分析与跟踪管理、国际报关业务、物流项目管理与规划设计、生产运营管理、营销管理、人才管理与企业行政等工作所需的高素质应用型人才
就业方向	本专业毕业生可从事各类生产企业、制造企业、国际国内物流企业、国内外贸易配送中心、各类连锁企业、各类仓库、站口、运输站、国际货运中心、国际机场、相关金融企业、政府机关、科研机构等物流相关企事业单位的物流管理、物流计划等相关工作
核心课程	物流管理概论、采购与仓储、供应链管理(双语)、企业资源规划、生产经营管理、第三方物流、运输与配送、电子商务与安全、管理与运营规划、国际贸易实践、物流系统规划与设计、市场调研与分析、保税物流实践、保税物流信息系统、港口物流、进出口报关实践、物流业务流程实验、连锁经营管理等

资料来源:重庆财经学院官网

　　重庆财经学院物流管理专业能够获批重庆市市级一流专业建设点,并在第三方评价及排名方面(艾瑞深校友会网)获得4★好评,可知相比重庆市其他民办高校的物流管理专业而言其社会认可度相对较高。

　　由表7-10内容可知,重庆财经学院物流管理专业在人才培养目标、就业方向及核心课程方面其实并无多大亮点,但在专业发展历史、专业特色和专业名师方面比较突出。首先,从其物流专业的发展历史来看,重庆财经学院的物流管理专业在2015年4月,获批立项校级"校级特色专业";2015年12月,获批立项重庆市教委"三特行动计划"市级特色专业;2017年12月,获批立项以物流管理专业为核心的校级"现代物流特色专业群"。由此可知,重庆市财经学院的物流管理专业早在2015年就开始走"特色专业"发展之路,先是打造"校级特色专业",然后顺利获批"市级特色专业",最后是立项校级"现代物流特色专业群",可见其在专业发展方面目标与思路非常明确,计划非常清晰,行动非常有力。其次,是专业特色的凝练。重庆财经学院在物流管理专业特色方面,提出了三条举措,分别是:第一,以职业为导向,实现"方向培养、校企合作、订单式人才培养";第二,"校企人才联动培养"模式,形成学生四年实践不断线平台;第三,开放办学,打造国际化师生团队。这三条特色,刚好契合了民办高校培养应用型人才的定位,也比较符合民办高校的办学实力的实际情况,同时也符合物流专业实践性较强的这个特征。同时,这三条特色彰显了重庆财经学院服务重庆区域经济发展下的"职业意识、职业技能和职业发展"的培养理念,深刻地体现了其职业导向型人才培养特色。最后,关于师资方面,重庆财经学院官网用了很大的篇幅特别介绍了物流管理专业方面的5位名师,其中有博士、教授、硕导头衔的1名,副教授、在读博士1名,拥有外海工作和生活经历的双师教师1名,拥有企业高管头衔的双师特聘教授2名。在师资整体情况方面,重庆财经学院物流工程学院官网显示,物流工程学院共有教师团队35人,共服务物流管理、电子商务、工业工程、物流工程四个本科专业,其中98%的教师具有硕士及以上学历,38%的教师拥有高级技术职称,30%的教师为业界双师型教师。由此可知,重庆财经学院物流管理专业的师资"双师型"特色比较明显。

三、重庆案例分析结论

综合本书对重庆市四所典型地方高校(重庆工商大学、重庆交通大学、重庆科技大学、重庆财经学院)物流管理专业情况的研究和分析,可得出如下结论。

(一)同类型、同层次公立高校的物流管理专业建设情况

研究中发现,同类型、同层次公立高校的物流管理专业建设情况,因其综合办学实力相差不大,故在外部第三方评价和综合排名上差异不大。但由于高校自身特性不同,故在物流管理专业具体依托的一级学科、教学科研平台、校企合作企业以及人才培养目标和具体课程设置上略有差异。在依托的一级学科方面,也各有差异。综合类高校通常将物流管理专业设在工商管理学院或经管学院,其依托的一级学科通常为工商管理类学科。因此,其课程设置、教师配备以及实训设备等,都借助了原有的工商管理类的相关资源,从而使其物流管理专业整体呈现出较为明显的文科特征。理工科类的高校,通常将物流管理专业设在物流与工程学院,其依托的一级学科通常为管理科学与工程类或是物流工程类,其教师配备、实训设备、课程设置等都带有较强的工科属性,从而使其物流管理专业呈现出较为明显的工科特征。

总之，同地区、同类型、同层次公立高校的物流管理专业在细微处有差异，但总体实力相当，差异不大。

（二）同层次但不同类型高校的物流管理专业建设情况

同一个地区，同层次但不同类型的高校，即同层次的公立高校和民办高校之间的物流管理专业差别相对较大。一方面，是物流管理专业外部评价及综合排名上的差异。由于公立高校有财政资金支持，其办学经费更为充足，故其综合办学实力优于民办高校。因此，在物流管理专业的外部评价及综合排名上，公立高校往往优于民办高校。另一方面，由综合办学实力所延伸出来的师资力量、课程设置、教学设施等方面，也呈现出较为明显的差异。其具体差异如表 7-11 所示。

表 7-11　同地区、同层次公立高校与民办高校的物流管理专业的差异

	公办本科高校	民办本科高校
课程设置	偏理论，重基础	偏实践，重技能
师资力量	较强的教学、科研能力，以教授、博士为主	较强的行业经验与实操技能，以讲师、硕士为主
教学设施	较为完善的实验教学设施和科研设备	较为完善的企业实训基地和行业软件
校企关系	以学校为主导	与企业联系紧密
成果与获奖	科研多	竞赛多
新闻宣传	1. 新闻内容多，覆盖面广，有关媒体要闻、教育教学、学科科研、校园文化、合作开放等多方面的新闻。 2. 新闻数量多，发布频率高，更新快。 3. 新闻重点放在发布信息，让师生能够快速获得有关教育教学及外界等最新消息。 4. 新闻形式正式、规范，表述准确、客观	1. 新闻内容少，覆盖面窄，主要是校内新闻。 2. 新闻数量少，发布频率低，更新慢。 3. 新闻重点放在宣传自身学校或专业为数不多的喜报和成果。 4. 新闻形式新颖、有趣，重在凸显个性、特色与成果

资料来源：由重庆市同层次公立本科高校和民办本科高校的官网相关情况及调查汇总整理。

由表 7-11 可知，在同一地区范围、同层次高校之间，公办本科高校相对于民办本科高校而言，在师资和科研等方面都更有优势。但民办本科高校在培养学生实操技能方面，因为"双师型"师资特色以及与企业的紧

密合作关系，其这方面会更具优势。而在新闻宣传方面，民办高校更注重宣传自身高校的特色与成果，宣传面和关注面相对较窄，可适当拓宽新闻关注面，也同时开阔师生的眼界和视野。

第二节　全国民办院校典型案例

为了更好地研究和总结地方高校物流管理专业建设经验，本书将研究范围进一步由重庆扩大到全国。由于在同地区、同层次高校之间，公办本科高校在办学综合实力上明显优于民办本科高校。因此，本节内容，主要选择民办本科高校中的领先者作为研究案例。

一、典型案例的选取

为了确保选出来的案例高校其物流管理专业具有先进性和可学习性，笔者根据全国第三方大学评价机构艾瑞深校友会发布的《2023 校友会中国大学排名：高考志愿填报指南》中 2023 年中国大学物流管理专业排名（应用型）来进行筛选。

首先，根据艾瑞深校友会 2023 中国大学物流管理专业排名（应用型），挑选出所有星级为 6★的高校，如表 7-12 所示。

表 7-12　校友会 2023 中国大学物流管理专业排名（应用型）

档次	全国排名	学校名称	星级	办学层次	所在省份	办学性质
A++	1	北华航天工业学院	6★	中国顶尖应用型专业	河北省	公办
A++	1	常州工学院	6★	中国顶尖应用型专业	江苏省	公办
A++	1	成都工业学院	6★	中国顶尖应用型专业	四川省	公办
A++	1	福州外语外贸学院	6★	中国顶尖应用型专业	福建省	民办
A++	1	浙江万里学院	6★	中国顶尖应用型专业	浙江省	公办
A+	6	长春财经学院	6★	中国顶尖应用型专业	吉林省	民办
A+	6	长沙学院	6★	中国顶尖应用型专业	湖南省	公办
A+	6	广东科技学院	6★	中国顶尖应用型专业	广东省	民办

表7-12（续）

档次	全国排名	学校名称	星级	办学层次	所在省份	办学性质
A+	6	广西财经学院	6★	中国顶尖应用型专业	广西壮族自治区	公办
A+	6	广州工商学院	6★	中国顶尖应用型专业	广东省	民办
A+	6	广州南方学院	6★	中国顶尖应用型专业	广东省	民办
A+	6	合肥学院	6★	中国顶尖应用型专业	安徽省	公办
A+	6	湖南工学院	6★	中国顶尖应用型专业	湖南省	公办
A+	6	吉利学院	6★	中国顶尖应用型专业	四川省	民办
A+	6	昆明文理学院	6★	中国顶尖应用型专业	云南省	民办
A+	6	南京晓庄学院	6★	中国顶尖应用型专业	江苏省	公办
A+	6	南开大学滨海学院	6★	中国顶尖应用型专业	天津市	民办
A+	6	宁波工程学院	6★	中国顶尖应用型专业	浙江省	公办
A+	6	山东协和学院	6★	中国顶尖应用型专业	山东省	民办
A+	6	上海第二工业大学	6★	中国顶尖应用型专业	上海市	公办
A+	6	上海立信会计金融学院	6★	中国顶尖应用型专业	上海市	公办
A+	6	上海商学院	6★	中国顶尖应用型专业	上海市	公办
A+	6	武汉城市学院	6★	中国顶尖应用型专业	湖北省武汉市	非营利性民办
A+	6	武汉工商学院	6★	中国顶尖应用型专业	湖北省武汉市	民办
A+	6	西安欧亚学院	6★	中国顶尖应用型专业	陕西省西安市	民办
A+	6	西安外事学院	6★	中国顶尖应用型专业	陕西省西安市	民办
A+	6	厦门理工学院	6★	中国顶尖应用型专业	福建省厦门市	公办

资料来源：艾瑞深（www.cuaa.net）

其次，再从星级为6★的高校中选出所有的民办本科高校，并补充其物流管理专业是否入选国家级一流专业或省级一流专业的相关信息，如表7-13所示。

表 7-13　星级为 6★ 的民办高校物流管理专业（应用型）

档次	全国排名	学校名称	星级	是否国家级/省级一流专业	所在省份	办学性质
A++	1	福州外语外贸学院	6★	国家级一流	福建省	民办
A+	6	长春财经学院	6★	省级一流	吉林省	民办
A+	6	广东科技学院	6★	省级一流	广东省	民办
A+	6	广州工商学院	6★	国家级一流	广东省	民办
A+	6	广州南方学院	6★	省级一流	广东省	民办
A+	6	吉利学院	6★	否	四川省	民办
A+	6	昆明文理学院	6★	省级一流	云南省	民办
A+	6	南开大学滨海学院	6★	市级一流	天津市	民办
A+	6	山东协和学院	6★	否	山东省	民办
A+	6	武汉城市学院	6★	否	湖北省武汉市	非营利性民办
A+	6	武汉工商学院	6★	国家级一流	湖北省武汉市	民办
A+	6	西安欧亚学院	6★	否	陕西省西安市	民办
A+	6	西安外事学院	6★	省级一流	陕西省西安市	民办

资料来源：结合艾瑞深校友网及各高校官网信息整理汇总。

根据表 7-13，本书筛选出其物流管理专业入选国家级一流专业建设试点的三所高校作为本书的典型案例，它们分别是福州外语外贸学院、广州工商学院、武汉工商学院三所民办高校，如表 7-14 所示。

表 7-14　全国物流管理专业国家级一流专业民办高校

档次	全国排名	学校名称	星级	是否国家级/省级一流专业	所在省份	办学性质
A++	1	福州外语外贸学院	6★	国家级一流	福建省	民办
A+	6	广州工商学院	6★	国家级一流	广东省	民办
A+	6	武汉工商学院	6★	国家级一流	湖北省武汉市	民办

资料来源：结合艾瑞深校友网及各高校官网信息整理汇总。

综上所述，本书结合艾瑞深校友网对全国高校物流管理专业（应用型）的星级及排名，以及各高校官网公布的是否入选国家级一流专业或省级一流专业等相关信息，筛选出福州外语外贸学院、广州工商学院、武汉工商学院三所民办高校作为民办高校物流管理专业建设的典型案例高校。

二、典型案例高校物流管理专业建设情况

为了更好地研究三所典型民办高校物流管理专业的情况，本书以表格形式，结合各高校官网信息及第三方网站相关信息，分别汇总整理了福州外语外贸学院、广州工商学院、武汉工商学院物流管理专业相关的基本情况，包括物流管理专业本身、师资待遇、学费等相关情况。

（一）福州外语外贸学院物流管理专业

由表 7-15 可知，福州外语外贸学院物流管理专业在国际合作方面非常突出，其与英国普利茅斯大学、新西南大学等海外高校进行深度合作，学生可以获得双学士学位。由此可见，在物流管理专业建设方面，福州外语外贸学院充分地利用了其外语外贸的学校特色和语言优势，并将其植入物流管理一流专业建设中。这非常符合国家"双一流"建设中提出的与国际接轨等要求与规定。另外，在人才培养目标和专业定位上，福州外语外贸学院物流管理专业也是定位明确，在课程建设、师资建设、实践教学条件及学生获奖等各个方面，成效都非常显著。

表 7-15　福州外语外贸学院物流管理专业相关情况

培养目标	面向现代商贸服务业，分设国际物流、物流信息两个方向，致力于建设全省领先、全国知名的新文科专业。培养具有扎实的管理学和信息技术知识，掌握物流管理理论和先进技术，通晓国际物流规则，熟悉大数据时代物流运作模式，具备国际视野和创新创业能力的高级应用型人才
就业方向	毕业生可在涉及工业制造、交通运输、商贸流通、第三方物流、国际物流领域的企事业单位从事物流运营和物流信息管理相关工作
专业优势	入选国家级一流本科专业建设点。 是省级创新创业改革试点专业、省级服务产业特色专业、省级应用型学科"工商管理"及省级示范性专业群"现代商贸服务专业群"核心专业。 是艾瑞森中国校友会网 6 星级中国顶尖应用型专业（A++），位列中国大学专业排名（应用型）全国第一
教学平台	拥有中央财政支持实验室、中国物流学会产学研基地、省级实验教学示范中心、省级实践教学基地等省级平台 7 个

表7-15（续）

校企合作	与安踏、沃尔玛、港中旅华贸等国内外 10 余家著名企业合作。 与京东物流、超捷国际物流、顺丰速运等知名企业建立产业学院和订单班，学生就业质量良好。 2021 年荣获第 56 届中国高等教育博览会"校企合作双百计划"典型案例奖：企业定制化人才培养项目（京东物流）
课程建设	1. 国家级一流虚拟仿真金课疫情防控背景下应急物流配送方案设计虚拟仿真实验教学项目和省级虚拟仿真金课电商物流。 2. 物流工程等物流教指委精品资源共享课 5 门。 3. 仓储管理等省级一流本科课程 3 门。 4. 国际物流等省级精品资源共享课程 2 门
师资建设	专业负责人担任中国物流学会常务理事，福建农林大学 MBA 硕士生导师。 有 2 名教师入选闽江学者讲座教授。 有 5 名教师入选福建省高等教育新世纪优秀人才、杰出青年科研人才培育计划及省级个人科技特派员。 有 6 名教师担任福建省国际货代协会理事、中小企业创业导师及国际货代 CIFA 培训师。 具备企业背景的双师双能教师占比 69%，竞赛优秀指导教师 60 余人次
国际合作	本专业与英国普利茅斯大学、新西兰梅西大学等海外高校进行深度合作，学生可修习 3+"1"项目，获得双学士学位
学生获奖	学生参加"互联网+""挑战杯"等各级各类学科竞赛和创新创业竞赛，获省级以上奖项 120 余项，连续六年蝉联全国国际货运代理考试福建省考区通过率第一名

资料来源：福州外语外贸学院官网

（二）广州工商学院物流管理专业

由表 7-16 可知，广州工商学院物流管理专业建设成效显著，"以质立校、以生为本、突出特色、崇尚创新"的办学理念先进。根据广州工商学院官网信息，该校对其物流管理专业由专业设置、办学理念、校企合作到教学条件、师资情况及就业评价等各个方面都做了详细的梳理和介绍，让人一目了然。根据表 7-16，广州工商学院物流管理专业师资力量雄厚，专业定位明确，教学条件优良，尤其物流管理专业建设方面专业建设经费充足。

表 7-16　广州工商学院物流管理专业情况

专业优势	国家一流专业建设点； 教育部物流管理与工程教学指导委员会冷链物流工作组成员； 全国第一批经工业和信息化部中小企业发展促进中心批准的"冷链物流"校企协同就业创业创新示范实践基地； 广东省专业综合改革试点专业； 广东省特色重点学科； 广州工商学院首批本科专业
专业简介	物流管理主要研究管理学、经济学、信息技术、现代物流管理等方面的基本知识和技能，在贸易、物流类企业单位进行物流活动的计划、组织、指挥、协调、控制和监督等。在传统物流管理的基础上，融合冷链物流、航空物流、跨境电商等物流最新发展方向，与共建"一带一路"倡议和广州市建设国家航运枢纽、航空枢纽和创新枢纽的发展战略高度契合
办学理念	本专业 2014 年经教育部批准招收本科生以来，始终坚持"以质立校、以生为本、突出特色、崇尚创新"的办学理念，专业发展成效显著，共建"双师型"教师团队。坚持立德树人，立足粤港澳大湾区，实行产教深度融合模式，培养根植行业服务区域的应用型物流人才。以冷链物流为特色，建成粤港澳大湾区物流尤其冷链物流高端管理人才培养基地
校企合作	与广州拜尔空港冷链物流中心有限公司签订了国家级服务业标准化建设试点项目合作协议，并联合发布了首个冷链物流行业团体标准。共有校企合作单位 30 家，其中深度合作企业有 8 家，每年可接纳毕业生 170 人
师资队伍	专任教师 24 人，其中副教授及以上 10 人、博士 4 人、硕士 20 人、双师型教师 27 人、国务院特殊津贴专家 1 人、省级教学名师及冷链行业专家 4 名
专业定位	坚持立德树人，立足粤港澳大湾区，实行"校企联合+产业学院"产教深度融合模式，培养根植行业服务区域的应用型物流人才。以冷链物流为特色，重点打造食品安全与智慧冷链全程监控管理与应用方向，建成粤港澳大湾区物流尤其冷链物流高端管理人才培养基地
培养目标	本专业基于市场和区域经济所需，立足珠三角地区，面向粤港澳大湾区应用型物流人才需求，培养德、智、体、美、劳全面发展，适应现代物流发展，以管理学科为理论基础，掌握现代物流与供应链系统分析、设计、运营、管理的基本理论、方法与技术，具备物流各职能管理能力，具有良好的综合素养、社会责任感和创新精神，毕业后可在物流及相关行业从事物流与供应链系统设计与优化、物流业务运作与管理等工作的应用型高级专门人才

表7-16（续）

课程体系特色	开设了冷链物流、跨境电商物流两个特色方向的专业特色方向课
教学条件	校内实践教学条件：中央财政320万元、学校自筹390万元，共投资710万元，建成物流综合实训室、仿真物流公司、物联网实训室、物流信息技术实训室、物流设备与技术实训室、冷链设备与安全实验室。 校外实践教学条件：有7个实践教学基地，包括广州敏和运输有限公司、广州拜尔冷链聚氨酯科技有限公司、深圳市递四方速递有限公司、中外运-敦豪广东分公司、广州市德邦物流服务有限公司、广州希音供应链管理有限公司佛山分公司、柳州长久物流有限公司、佛山市苏宁物流有限公司
专业特色	1. 学科建设成果显著； 2. 专业排名全国靠前； 3. 校企合作共同育人； 4. 教材建设填补空白； 5. 经费充足助力发展，学校重点学科、重点专业专项建设经费及国家和省财政支持，专业建设经费共计804.5万元
就业评价	第三方麦可思公司调查数据表明，初次就业率在90%以上，专业对口率78.64%，工作满意度96%，就业以中小型物流企业、行政事业单位、国有企业和外资企业为主。毕业生就业满意度90%，对学校教学满意度达95%。根据2018—2020年分专业雇主追踪调查，用人单位对毕业生专业学习能力满意度达85.3%，综合评价优秀率达84%，专业社会需求吻合度评价达97%，对我校毕业生满意率≥97%

资料来源：广州工商学院官网

（三）武汉工商学院物流管理专业

由表7-17可知，武汉工商学院物流管理专业方面依然走的是产教融合道路，通过校企合作及共建实训基地等方面来打造实践教学条件。根据其官网信息，武汉工商学院物流管理专业师资总量相对较少，但高级职称和博士学位占比还可以。

表 7-17　武汉工商学院物流管理专业情况

荣誉成果	1. 首批国家级一流本科课程 2. 省级教学团队 3. 省级一流本科专业建设点 4. 省级专业综合改革试点专业 5. 省级高校战略性新兴（支柱）产业人才培养计划项目 6. 省级精品和精品资源共享课程 7. 省级实习实训基地 8. 艾瑞深 6 星级专业（中国顶尖应用型专业） 9. 艾瑞深全国同类院校排名第一专业
专业优势特色	以"智慧物流"方向引领专业内涵特色化发展，顺应"双循环"发展新格局，聚焦冷链和电商物流产业，以省优势学科群为支撑，推进与数据科学、智能科技交叉融合，开设智慧物流特色班，编写智慧物流系列教材，获省一流本科专业建设点，有省现代物流与商务协同创新中心和 3 支省智慧物流教科研团队。以"校企联合育人"深化专业人才培养模式改革，按照"产业引导专业、专业服务行业"建设理念，围绕校企协同育人、资源共建共享、科研合作攻关等推进产业、企业和专业深度融合，在长期教学实践中探索形成了"产业+企业+专业"的产学研用实践人才培养模式
培养目标	本专业培养适应社会需求的德、智、体、美、劳全面发展，树立社会主义核心价值观，具有高度的社会责任感和使命感、良好的科学文化素养和国际视野，较系统地掌握物流管理基础理论和方法，具备冷链物流和电商物流行业智慧物流系统规划设计、项目实施、运维管理和数据分析能力，具备较强的创新精神、创业意识和一定的创新创业能力，能够在物流管理及相关领域特别是冷链和电商物流行业从事应用实践、科学研究等工作的应用型高级物流管理人才
核心课程	物流管理概论、供应链管理、智慧仓储管理、采购管理、运输管理、物流系统工程、智慧物流系统规划与设计、生产运作管理、ERP 原理与运用
就业方向	学生毕业后可在物流、电商企业、金融机构及政府部门，从事智慧物流管理、采购管理和智慧物流系统规划与运营等工作
师资队伍	共有专任教师 10 名，其中按职称分，教授 1 名，副教授 4 名，讲师 4 名，助教 1 名；按学历分，博士 5 名，硕士 5 名
校企合作	与中远海运、DHL、菜鸟、京东、苏宁、顺丰等多家国内外知名物流企业开展合作，共建实训基地，设立"物流专业人才订单班"，并聘请企业高管担任学院企业导师，指导学生实习实践

（四）三所典型案例高校的师资招聘及待遇情况

根据表 7-18 中对福州外语外贸学院、广州工商学院、武汉工商学院等师资招聘相关信息的梳理和对比，福州外语外贸学院给出的师资待遇最高，广州工商学院次之，武汉工商学院排名最后。结合艾瑞深校友会网等第三方排名机构统计结果，福州外语外贸学院物流管理专业在全国应用型民办高校中排名第一，由此可知师资待遇对其专业建设有很大影响。师资待遇的高低，决定了高校在专业建设中能够引入的师资层次及后期是否能够留住优势师资的重要条件。因此，师资待遇对于高校一流专业建设非常重要。

表 7-18　三所高校物流管理专业 2023 年师资招聘条件及待遇

学校名称	招聘条件	薪资待遇	其他待遇
福州外语外贸学院	1. 领军人才：国家层面人文社科领域各类人才、国家教学名师、省级及以上创新团队负责人或基地负责人，国家省部级重点学科带头人等，具有博士学位，年龄一般不超过 50 周岁。可携带整体团队加盟者优先。 2. 学科带头人：国家第二层面人文社科领域各类人才、省级以上教学名师、省级及以上创新团队负责人或基地负责人、国家社科基金重大项目获得者、教育部人文社科优秀成果奖一等奖获得者、国家省部级重点学科带头人等，具有博士学位，年龄一般不超过 45 周岁。来自"双一流"建设高校或携带整体团队加盟者优先。 3. 专任教师：博士学位	1. 领军人才，年薪 150 万元起，科研启动经费 150 万元，并提供 130 平方米左右住房一套（在校工作满十年后，房屋产权归其个人所有）。 2. 学科带头人，年薪 100 万元起，科研启动经费 100 万元，并提供 130 平方米左右住房一套（在校工作满十年后，房屋产权归其个人所有）。 3. 专任教师，博士研究生年薪 19 万~60 万元，科研经费 10 万元，安家费及购房补贴 11 万~30 万元，博士津贴 3 万元/年，特殊人才可实行一人一策，重点学科专业待遇从优	1. 符合条件者可申请办理福州市机关事业单位养老保险； 2. 协助解决博士等高层次人才随迁配偶工作及随迁子女入学入园； 3. 福州市区无住房者可申请教职工周转房； 4. 教职工三餐免费，五条线路校车由福州市区至学校定时往返接送； 5. 在基础医疗保险基础上，为引进人才增购商业补充医疗保险； 6. 根据工作年限发放教龄津贴，享受年度生日礼金，国家重大节日发放节日慰问金； 7. 提供教职工体检、暑期交流考察、校内健身房及丰富多彩的工会活动

表 7-18（续）

学校名称	招聘条件	薪资待遇	其他待遇
广州工商学院	1. 年龄 45 岁以下。 2. 具有博士研究生学历和学位； 3. 具有副教授或以上职称	1. 博士毕业教师年薪税前 21 万～35 万元/年，待遇一人一策，以具体面谈为准； 2. 安家费：20 万元； 3. 科研启动费理工科 8 万元，文科 5 万元。	1. 视情况和学校实际需要解决配偶工作。 2. 超额完成科研任务的按学校规定进行科研资助；获得省部级、国家级纵向科研项目立项的，还将每月获得 2 500～10 000 元的项目津贴以及额外的项目配套科研资金和结项资助。 3. 按学校规定购买"五险一金"；晋升副教授后享受工作每满一年，下一年每月增加教龄津贴 400 元；晋升教授的每月增加 500 元；教龄津贴每年累计； 4. 享受每年 5 400 元的节日慰问金，并每年暑假安排一次外出旅游社会实践考察
武汉工商学院	1. 学术带头人：原则上具备下列条件之一：①国务院特殊津贴获得者；国家级教学名师；国家创新人才推进计划人选；国家有突出贡献中青年专家；"百千万人才工程"省部级及以上人选；教育部创新团队负责人；教育部跨世纪优秀人才培养计划人选；②湖北省楚天学者（特聘教授）；湖北省产业教授；省级新世纪高层次人才工程第一层次人选；湖北省高端人才引领培养计划人才；国内外知名大学知名教授、博士生导师；近三年省部级科学技术奖、社会科学奖一等奖获得者（前三名）、二等奖获得者（主持）；近三年国家科学技术奖、社会科学奖一等奖获得者（前五名）、二等奖获得者（前三名）、三等奖获得者（主持）。待遇实行一人一议。 2. 专职教师，硕士、博士	1. 学术带头人，待遇一人一议。 2. 专任教师： （1）硕士按照学校薪酬制度执行，特殊人才、紧缺专业相关待遇可以一人一议。 （2）博士。①博士，年薪 16 万～24 万元。②博士+副高，年薪 17 万～26 万元。③博士+正高，20 万～32 万元。所有博士，提供博士基金项目前期资助和奖励 6 万～13 万元，提供两室一厅精装修一套或住房补贴（4 000 元/月），二选一	1. 提供科研所需实验条件。 2. 引进的优秀博士，学校可根据实际情况解决配偶工作；特殊人才和成果突出人才，相关待遇可一人一议

资料来源：根据福州外语外贸学院、广州工商学院、武汉工商学院等各自官网人事招聘信息整理。

（五）三所典型案例高校的物流管理专业学费对比

如表 7-19 所示，在三所高校中，广州工商学院物流管理专业收费最高，尤其是其物流管理专业高端运营工程师班和物流管理专业国际双语教育人才班的收费最高，高达 43 500 元。由此可知，地处发达地区的民办高校，其学费相对较高，而特色专业特色班级学费将会更高。

表 7-19　福州外语外贸学院、广州工商学院、武汉工商学院物流管理专业学费
情况汇总表

学校名称	专业	学费
福州外语外贸学院	物流管理	22 000 元
广州工商学院	物流管理（佛山校区）	32 000 元
	物流管理高端运维工程师班（佛山校区）	43 500 元
	物流管理国际双语教育人才班（佛山校区）	43 500 元
武汉工商学院	物流管理	22 800 元

资料来源：根据各高校官网汇总。

三、典型案例高校物流管理一流专业建设启示

笔者通过对福州外语外贸学院、广州工商学院、武汉工商学院三所民办高校的物流管理专业建设案例基本情况的总体分析及对比分析，发现该三所高校在物流管理一流专业建设中遵循了一些很重要的规则和规律，并且三所高校在物流管理一流专业建设过程中均取得了较为显著的建设成效。为了能够更好地让其他地方高校，特别是应用型高校中的民办高校进行学习和借鉴，本书将三所高校在物流管理一流专业建设中的成功经验进行了凝练。

（一）专业定位方面

教育部办公厅发布的《关于实施一流本科专业建设"双万计划"的通知》，明确提出了一流专业建设的基本要求，即专业定位要明确，服务面向要清晰，要能够适应国家和区域经济社会发展需要，并符合学校发展定位和办学方向。对照该"双万计划"的要求，再看福州外语外贸学院、广州工商学院、武汉工商学院等三所民办高校的物流管理一流专业建设，不难发现该三所高校的物流管理专业定位都非常地明确，而且服务面向也非常清晰，并且与所在区域经济发展紧密联系。比如，福州外语外贸学院，

本身是财经类应用型高校，因此其物流管理专业一流专业建设贴近国家的新文科建设，锁定为国际物流和物流信息两个方向。人才培养目标设定为培养具备国际视野和创新创业能力的高级应用型人才。另外，其国际合作项目也可以体现出其校训"融会中外，经世致用"的特色。广州工商学院的物流管理专业，立足粤港澳大湾区，实行"校企联合+产业学院"产教深度融合模式，培养根植行业服务区域的应用型物流人才，并以冷链物流为特色，重点打造食品安全与智慧冷链全程监控管理与应用方向。由此可见，广州工商学院物流管理专业定位非常明确。其主要强调了冷链物流、航空物流、跨境电商等物流最新方向，与广州市建设国家航运枢纽、航空枢纽和创新枢纽的发展战略高度契合，为粤港澳大湾区物流发展尤其冷链物流发展培养高端物流管理人才。武汉工商学院物流管理专业，以"智慧物流"方向为引领，顺应"双循环"发展新格局，聚焦冷链和电商物流产业，培养冷链和电商物流行业的应用型高级物流管理人才。武汉工商学院物流管理专业，相比之前两所高校的定位明确度稍微偏弱，但总体而言，还是比较明确的。

因此，地方高校物流管理一流专业建设中，首先要高度明确自身的专业定位。而且专业定位一定要和自身高校的办学定位、办学优势及办学特色密切结合，同时还要与高校所在区域的经济发展需求紧密结合，从而保证自己高校物流管理专业所培养的学生服务面向非常清晰，就业指向非常明确。

（二）师资方面

通过前文对福州外语外贸学院、广州工商学院、武汉工商学院三所高校的基本情况的介绍和分析，可以看出三所高校的师资力量都非常地雄厚。比如，福州外语外贸学院的物流管理专业负责人担任中国物流学会常务理事，福建农林大学 MBA 硕士生导师，有 2 名教师入选闽江学者讲座教授，5 名教师入选福建省高等教育新世纪优秀人才、杰出青年科研人才培育计划及省级个人科技特派员，有 6 名教师担任福建省国际货代协会理事、中小企业创业导师及国际货代 CIFA 培训师等。广州工商学院物流管理专业，有专任教师 24 人，其中副教授及以上 10 人、博士 4 人、国务院特殊津贴专家 1 人、省级教学名师及冷链行业专家 4 名。武汉工商学院物流管理专业，有 5 名高级职称，5 名博士学位。这三所高校的物流管理专业师资力量都非常雄厚，尤其福州外语外贸学院和广州工商学院。三所高校中，只有武汉工商学院师资相对偏弱。由此可见，作为教学质量的重要保障条件之一的师资力量对于地方高校物流管理一流专业的建设是非常重要的。因此，地方高校物流管理专业一流专业建设，必须要强化师资队伍建设，从而为一流专业建设构建雄厚的师资力量。

师资的引入和留住，需要高校在薪酬待遇上给予教师知识才能以高度的认可。从前文关于三所高校的师资招聘和待遇条件中即可见一斑。在三所高校师资招聘及待遇条件对比中，很容易看出，福州外语外贸学院师资待遇是三所高校中最好的，无论是领军人才、学科带头人还是专任教师，不仅年薪起薪高，科研启动费也高，还有房屋产权或住房补贴以及解决子女入学入园等问题，可谓将高层次人才或专任教师所在意的大部分问题都考虑进去了，从而真正解决了教师的一切后顾之忧。这无疑显著增加了福州外语外贸学院在人才市场上的竞争力和吸引力，从而为其师资建设打下了牢固的基础。由此可见，薪酬待遇是高校吸引人才和留住人才的关键。因此地方高校物流管理专业在一流专业建设中，需要想办法提高师资待遇，从而为一流专业的建设吸引和留住更加优秀的人才。

（三）教学条件方面

在教学条件方面，福州外语外贸学院、广州工商学院、武汉工商学院三所高校在物流管理专业方面或自建，或通过校企合作共建等方式打造了自己的实践教学平台。比如福州外语外贸学院物流管理专业，拥有中央财政支持实验室、中国物流学会产学研基地、省级实验教学示范中心、省级实践教学基地等省级平台 7 个。广州工商学院物流管理专业，通过中央财政 320 万元、学校自筹 390 万元，共投资 710 万元，建成物流综合实训室、仿真物流公司、物联网实训室、物流信息技术实训室、物流设备与技术实训室、冷链设备与安全实验室 6 个校内实践教学平台，并通过与广州敏和运输有限公司、广州拜尔冷链聚氨酯科技有限公司、深圳市递四方速递有限公司、中外运-敦豪广东分公司、广州市德邦物流服务有限公司、广州希音供应链管理有限公司佛山分公司、柳州长久物流有限公司、佛山市苏宁物流有限公司等公司合作，打造了 7 个校外实践教学基地。武汉工商学院物流管理专业，与中远海运、DHL、菜鸟、京东、苏宁、顺丰等多家国内外知名物流企业开展合作共建实训基地。由此可见，无论是自筹经费还是通过中央财政出资共建，抑或是与企业合作共建，三所高校在实践教学条件这方面都取得了非常明显的成效。

对于物流管理专业这个实践性比较强的专业来说，实践教学条件是其教学质量保障的重要物质条件。因此，地方高校在物流管理一流专业建设中，需要不断强化实践教学条件的建设，无论是自筹经费建设，还是争取中央财政或省、市地方财政的支持，抑或是与企业合作共建以及与其他高校共建共享等方式，都必须保证建成能够满足学生实践教学所需的足够的高质量的实践教学平台或实训基地等。

（四）人才培养质量方面

专业建设的最根本目的，是提高人才培养的质量。因此，对于地方高校物流管理专业一流专业建设，人才培养质量是重要的考察内容之一。就业率及用人单位满意度可谓是人才培养质量的最佳证明。

在福州外语外贸学院、广州工商学院、武汉工商学院三所高校中，广州工商学院物流管理专业对其学生就业率和用人单位满意度等做了最为详细的统计和说明。其官网信息显示，第三方麦可思公司调查数据表明，广州工商学院物流管理初次就业率在90%以上，专业对口率78.64%，工作满意度96%，就业以中小型物流企业、行政事业单位、国有企业和外资企业为主。毕业生就业满意度90%，对学校教学满意度达95%。2018—2020年分专业雇主追踪调查显示，用人单位对毕业生专业学习能力满意度达85.3%，综合评价优秀率达84%，专业社会需求吻合度评价达97%，对该校毕业生满意率≥97%。由此可知，广州工商管理学院物流管理专业的学生就业率较高，学生对学校满意度以及用人单位对学生满意度都在90%及以上，由此可推测该校物流管理专业人才培养质量还可以。故而，学校在物流管理专业建设中，需要有针对性地统计该专业学生的初次就业率、专业对口率、工作满意度及就业去向等，从而为后续专业课程设置的调整等决策提供依据。另外，对用人单位的满意度调查也可以了解到用人单位对学校人才培养质量的看法，从而为后期人才培养方案及教学调整等决策提供依据。

因此，地方高校物流管理专业在一流专业的建设过程中，需要实时统计有关人才培养质量的相关数据，并据此动态优化自身的人才培养方案、课程设置，优化师资结构，并不断提升教学质量，从而确保自身所培养的物流管理专业学生符合市场需求并受到企业欢迎，从而让学生能就业、好就业、就业好。

第八章　结论与展望

第一节　研究结论与主要发现

本书围绕"双一流"建设背景下地方高校物流管理一流专业的建设和实践，通过解读"双一流"建设背景、分析地方高校物流管理专业建设的机遇与挑战，解读一流专业建设的目标和标准，剖析当前地方高校物流管理专业的建设现状和问题，提出地方高校物流管理专业一流专业建设的内容和措施以及各种保障措施，最后通过对重庆地区典型高校建设案例分析，以及全国典型民办高校物流管理专业的建设实践案例的分析，凝练出地方高校物流管理专业一流专业建设的经验和启示。通过研究，本书主要得出了如下一系列结论。

一、一流专业建设是大势所趋

国家大力开展"双一流"建设意味着我国通过高等教育强国战略来提升我国教育发展水平、增强国家核心竞争力、奠定长远发展基础的重大决心，同时也意味着我国高等教育肩负着引领教育发展、支撑国家富强、服务民族复兴和推动人类文明进步的光荣使命。这一战略的核心在于建设世界一流大学和一流学科，其目的在于使我国成为国际学术中心，并使部分大学达到世界一流水平。同时，通过实施"双一流"建设，有望从根本上扭转大学办学模式的趋同现象，从而促进我国高等教育的多样化发展。在"双一流"建设中，还将注重创新人才的培养和国际化发展，以培养具有国际视野和跨文化交流能力的优秀人才，并引进国际先进的教育资源，提高我国教育的质量和竞争力。同时，"双一流"建设还将注重信息化和数字化转型，以提供更加便捷、高效的教学服务，并提高教育管理的效率和准确性。总的来说，"双一流"建设是我国高等教育发展的重要方向，旨在推动我国高等教育向世界一流水平迈进，提升我国在全球高等教育领域的影响力和竞争力。而一流专业建设是"双一流"建设的基础，同时也是"双一流"建设的重要内容，还是"双一流"建设实现的有效途径。因此，只有加强一流专业的建设，才能更好地推进"双一流"建设，从而实现高等教育现代化的目标。因此，对于各个高校而言，一流专业建设已成为各高校本科建设的重要内容。

二、"双一流"建设背景下地方高校迎来多方面机遇与挑战

"双一流"建设给地方高校的发展带来了多方面的机遇。首先，"双一流"建设为地方高校提供了绝佳的发展机会。在过去的几十年里，中国的教育资源主要集中在少数重点大学，尤其是"985工程""211工程"高校，导致地方高校在资源和机会上受到限制。而"双一流"建设的实施，将使更多的教育资源向地方高校倾斜，为这些学校的发展提供了更多的机会。其次，"双一流"建设鼓励地方高校进行创新和改革。为了建设世界一流大学和一流学科，地方高校需要不断探索新的教育模式、教学方法和科研方向，这为地方高校的改革和创新提供了动力和机遇。最后，"双一流"建设促进了地方经济的发展，也为地方高校毕业生的就业带来了大量的机会。地方高校的发展将吸引更多的优秀人才和资源聚集，促进当地产业升级和经济结构调整，为地方经济的发展注入新的活力，同时高校与企业之间的紧密互动又会反过来促进高校专业建设的不断优化和升级。

同时"双一流"建设也给地方高校带来了不少挑战。一方面，地方高校面临前所未有的激烈竞争。"双一流"建设的实施，将使更多的高校加入一流大学和一流学科的竞争中，地方高校需要在激烈的竞争中立足并获得优势。另一方面，地方高校需要不断提高教育质量和科研水平。建设世界一流大学和学科需要具备高质量的教育和科研水平，地方高校需要不断提高自身的教育质量和科研水平，以满足"双一流"建设的要求。另外，地方高校还需要解决教育资源短缺的问题。尽管"双一流"建设为地方高校提供了更多的机会，但这些学校仍然面临教育资源短缺的问题，如师资力量不足、实验设备短缺等，需要寻求更多的教育资源支持。

总之，"双一流"建设给地方高校带来了多方面的机遇和挑战。地方

高校需要积极应对这些机遇和挑战，以实现自身的快速发展和提升。

三、物流专业建设的本质在于培养合适的高素质物流人才

随着全球化和互联网的快速发展，物流行业逐渐成为推动国家经济发展的重要支柱。地方高校作为培养应用型物流人才的主阵地，在国家"双一流"建设和各种高等教育改革政策的驱动下，地方高校纷纷展开物流管理一流专业的建设和探索，并不断进行物流管理专业的调整和升级，旨在培养具备现代物流理念和先进管理技能的高素质应用型物流人才，以满足社会经济发展对物流管理的需求。因此，地方高校物流管理一流专业建设，应以服务地方经济发展为目标，不断强化实践教学环节，并注重学生注重综合素质的培养。地方高校应通过加大办学投入优化实践教学条件，加强师资建设打造一流教学团队，优化人才培养方案及课程体系，提升教学质量，提高学生就业竞争力及用人单位满意度等，不断提升物流管理专业教育质量。

四、地方高校物流管理一流专业建设需要持续的投入和改善

物流行业是一个快速发展的行业，需要不断更新和改进物流管理知识和技能，以适应不断变化的市场需求。因此，地方高校物流管理专业必须紧密结合物流行业的动态发展不断进行优化和调整。

首先，地方高校需要不断投入资金和资源来加强物流管理专业的硬件设施和软件设施建设，例如建立先进的实践教学基地、引进优秀的师资力量、开发优质的课程资源等。这些投入将有助于提高教学质量和学生的学习效果，为培养高素质的物流管理人才提供保障。

其次，地方高校需要不断关注物流行业的最新发展趋势和市场需求，及时调整和优化人才培养方案。这包括更新和改进课程设置、增加实践教学内容、加强创新创业教育等。只有紧密结合市场需求和行业发展趋势，才能培养出适应社会需要的高素质物流管理人才。

再次，地方高校还需要加强与企业和行业的合作与交流，建立紧密的产学研合作关系。通过与企业合作开展科研项目、技术开发和实践活动，地方高校可以更好地了解行业需求和市场变化，同时为学生提供更多的实践机会和实践经验。这种合作与交流有助于促进双方的共同发展，推动物流行业的进步。

最后，地方高校需要建立完善的师资培养机制和教学质量保障体系，以提高教师的教学水平和专业素养。通过开展培训、学术交流和国际合作等活动，地方高校可以不断提升教师的专业能力和教学水平，为培养高素质的物流管理人才提供强有力的支持。

综上所述，地方高校物流管理一流专业建设需要持续的投入和改善，以适应不断变化的市场需求和行业发展趋势。只有不断关注市场需求、加强硬件和软件设施建设、加强与企业的合作与交流、提高教学质量和加强师资培养，才能培养出适应社会需要的高素质物流管理人才，为地方经济的发展做出贡献。

五、地方高校物流专业宜特色化发展，以重构核心竞争力

与"985 工程""211 工程"等中央部属重点高校相比，地方高校办学实力明显不足，师资力量偏弱，专业建设经费匮乏，学术氛围淡薄。随着"双一流"建设的影响，其教育资源的差距有可能进一步加大。即便同为地方高校，相同区域但不同办学性质的高校之间（比如重庆科技大学与重庆人文科技学院、重庆财经学院），以及相同办学性质但不同区域的高校之间（比如福州外语外贸学院与重庆财经学院），也意味着经费保障、师资力量、教学条件、学术氛围等方面有很大差异，同样也会形成在资源争夺方面的"马太效应"。并且，随着"双一流"建设的推进，越是排名靠前的高校越占优势，越容易获得更多的教育资源的支持。因此，为了逐步缩小地方高校在物流管理一流专业建设中的竞争差距，各高校需要紧密结合自身高校所在地区的区域经济发展需求，并深刻解读所在省份各类高等教育改革政策，同时深度研究自身高校的办学定位和办学优势及特色等，不断地凝练自身物流管理专业的专业特色，从而借助比较优势、差异化战略重构自身物流管理专业的独特竞争力，以便争取更多的教育资源和更多的优质生源等。另外，地方高校在物流管理专业建设资源有限的情况下，也可通过加强与物流行业、企业的合作，以及加强跨地区高校之间的合作，以其他方式扩充专业建设资源，从而提升专业竞争力。

第二节　未来发展方向与趋势

一、科技化、智能化、信息化

未来的物流行业将会更加依赖科技和智能化，包括人工智能、大数据、物联网、区块链等技术的应用。因此，地方高校物流管理一流专业应当紧跟这一趋势，加强相关领域的研究和教学，从而培养具备科技素养和智能化思维的人才。

第一，物流管理专业在未来课程设置上要及时更新，并与物流科技的最新发展接轨，课程内容要能够体现出科技化和智能化。一方面，要及时更新课程内容，将最新的物流科技和智能技术应用纳入课程体系；另一方面，要开设关于大数据分析、物联网技术、人工智能等新兴领域的课程，培养学生的相关技能和知识。同时，为了保持与时俱进，在教材建设方面，也应当及时更新和优化课程教材，以反映物流行业的最新发展和技术进步。

第二，在实践教学环节，应当加强智能化相关技能的训练。建立现代化的物流实验室，配备先进的物流设备和软件，进行模拟操作和实践训练。同时，需要不断地更新物流实训室的相关软件，以便能和物流行业最新发展同步。或是与物流企业合作，开展实习基地建设，让学生亲身参与智能化物流系统的操作和管理。

第三，信息化教学与资源建设方面，应当借助现代信息技术手段，提高学生的学习效率。比如，构建在线课程、远程教育等，方便学生随时随地学习。利用大数据、云计算等技术，建设物流管理专业的教学资源库和数据平台，实现资源共享和信息交流。开发智能化教学辅助工具，如智能答疑、个性化学习推荐等，都能提高学生教学效果和学习体验。一方面，可以减少教师工作量；另一方面，还能培养学生自主学习和探究的能力。

第四，科研与创新创业方面，可加大科研力度，鼓励教师和学生开展与科技化、智能化和信息化相关的研究项目。培养学生的创新创业意识，通过创新创业实践项目，鼓励学生将所学知识应用于实际问题的解决。也可与企业、行业合作，共同开展科研项目和创新创业活动，促进产学研合作。

第五，教师队伍的培训与发展方面，应当鼓励教师参加相关领域的培训和学习，提高自身的科技素养和智能化教学能力。或是直接引进具有科技背景和智能化应用经验的教师，充实教师队伍。也可与企业合作，开展横向课题研究和教师挂职锻炼，提升教师的实践能力和学术水平。

总之，科技化、智能化、信息化是物流行业也是物流专业建设的未来趋势。地方高校无论是课程设置，还是实践平台，抑或是科研及师资等方面，都必须与时俱进，与物流行业的最新发展保持同步更新和进步。

二、与国际接轨

随着全球经济一体化的深入推进，物流行业也将更加全球化。同时，在国家有关一流专业的规定中也提出，一流专业应具有国际一流水平，在多元文化背景下，可以实现全面开放，具备国内国际共享的特色。因此，地方高校物流管理一流专业在建设中也应当保持开放性，并注重国际化的教学，从而提高学生的全球视野和跨文化交流能力，培养具备国际竞争力的人才。

一是在课程设置和教学中，及时关注并引入国际物流领域的最新发展理念，引进国际上优秀的物流管理教材和案例，促进教学内容的更新和优化。并与国外高校和物流企业建立适当的合作关系，开展教师和学生交流项目，促进双方互访和学习。

二是实践教学方面，可与国际物流企业或跨国公司合作，开展相应的实践教学和实习项目。也可鼓励师生参与国际性比赛、学术会议和研讨会，提高其国际视野和跨文化交流能力。或是开展与国际接轨的实践训练，如国际物流模拟、跨境电商运营等，让学生熟悉国际物流运作和管理流程。

三是师资队伍的国际化。鼓励教师参加国际学术会议、研讨会和培训课程，提高其国际学术水平和教学能力。引进具有海外留学或工作背景的教师，将其国际化经历和知识带入教学中。或是与国外高校合作，开展联合师资培养项目，促进双方教师的交流与合作。

四是学生交流与联合培养项目。与国外高校建立学生交流项目，鼓励学生参与互访学习和交流活动。与国外高校或企业合作开展联合培养项目，共同培养具有国际视野的物流管理人才。也可为学生提供英语培训和其他语言课程，提高其跨文化交流能力和国际化竞争力。

五是国际化认证与合作。鼓励物流管理专业学生参加国际性的认证考试，如 ILT（英国皇家物流与运输学会）认证等。与国际上知名的物流企业和组织建立合作关系，开展联合研究、培训和认证项目。与国际物流行业协会或组织建立联系，及时了解行业动态和国际标准更新情况等。

三、深度产教融合

物流管理专业是一个应用性、实践性很强的专业。并且，物流行业发展迅速，其对物流人才相关知识和技能的需求会不断变化。要想让学生了解行业需求和趋势，掌握最新的物流知识和技能，高校就必须与企业开展深度的产教融合。因此，深度产教融合是地方高校物流管理专业一流专业建设的未来必然趋势之一。

深度产教融合，一是可以让学生了解行业需求和趋势，掌握最新的物流技术和设备，提高其适应行业需求的能力；二是可以让学生在实践中掌握实际操作技能，培养其解决实际问题的能力，提高其综合素质；三是可以让学生在学习过程中接触到真实的物流案例和实践经验，加深其对理论知识的理解和掌握；四是可以让学生在学习过程中接触到真实的物流企业和工作环境，提高其对企业需求的认识和理解。同时，企业专业技术人员担任兼职教师，还可以带来最新的技术和管理经验，提高教学质量和效果。企业也可以通过深度产教融合选拔优秀学生，提高其人才储备的质量，进而提高其市场竞争力。因此，深度产教融合，将会带来高校、企业及学生之间的多方共赢局面。

地方高校，可通过与物流企业开展校企合作共享共建物流实践基地；也可与企业合作建立物流产业学院，将实践教学与物流产业需求紧密结合，实现物流应用型人才的精准培养。也可积极引进具有物流实践经验和行业背景的优秀教师，提高教师的实践能力和职业素养。同时，地方高校还可通过与企业合作，邀请相关物流企业的专业技术人员担任兼职教师，将物流产业前沿技术引入教学内容。

总之，地方高校物流管理专业要实现深度产教融合，可从多个方面入手，包括制订符合市场需求的人才培养方案、加强实践教学、推进产业学院建设、引入双师型教师等。

四、资源共享共建

随着各种信息技术手段的发展，以及物流行业的快速发展，地方高校教学资源的共享共建将成为一种必然选择。首先，资源共享有助于提高地方高校的教学质量。高校通过共享优质的教学资源，包括优秀的教材、课件和教学案例等，可以让地方高校物流管理专业的学生接触到更广泛的知识和更深入的理解，从而提高教学质量和效果。其次，高校还可以通过共享实践机会、实习岗位和创新创业平台等，让学生有机会接触到更多的实践经验和行业前沿，从而提升其综合素质和就业竞争力。同时，通过共享共建资源，地方高校物流管理专业可以与其他高校进行协同教学，实现跨校的资源整合和共享。这不仅可以促进不同高校教师之间的合作和交流，提高教学质量，还可以让学生有机会接触到不同高校的教学风格和学术思想，从而拓宽视野。再次，通过与物流企业共享共建资源，地方高校可以及时了解到物流行业的发展趋势和需求变化，从而调整和优化专业设置、课程内容和教学方法等，更好地适应物流行业需求。最后，共享资源还可以降低各地方高校的运营成本，提高资源的利用效率。通过共享实验室、设备、场地等资源，地方高校可以减少重复投资和浪费，实现资源的优化配置。

综上所述，共享共建资源对于地方高校物流管理一流专业建设至关重要。资源共享，可以促进教学质量的提高、提升学生的综合素质、实现跨校协同教学、适应行业需求、提高科研水平以及降低成本。因此，地方高校应当积极推进物流管理专业的资源共享共建工作，实现资源的优化配置和互利共赢。

地方高校物流管理专业一流专业建设过程中，可在多种资源方面与其他高校和企业展开共享共建。比如与其他高校共享优秀师资、共建共享优质在线课程资源、共建共享各种实践教学平台和实训基地等；可与企业共同开发各类实训课程、共建实习基地、共建产业学院等。

五、交叉融合、创新人才培养模式

1990年12月，著名社会学家费孝通先生在发表演讲时，提出了"各美其美，美人之美，美美与共，天下大同"的十六字"箴言"。对于未来地方高校物流管理一流专业的建设，也是如此。不同高校之间的物流管理专业，既"各美其美"，又"美人之美"，最终"美美与共、天下大同"。因此，交叉融合以及创新人才培养模式，则是各地方高校打造自己物流专业特色的必然选择。

首先，交叉融合为地方高校物流专业特色化发展提供了新的思路和方法。通过与其他学科的交叉融合，物流管理专业可以引入新的理论、技术和方法，不断完善自身的学科体系，推动专业特色化发展。例如，福州外语外贸学院的物流管理专业，通过与英语学科交叉融合，其国际化特色就显得非常明显。当然，物流管理专业还可以与计算机科学、统计学、运筹学等多个学科进行交叉融合，从而形成各自新文科、新工科的特点。

其次，交叉融合可以促进物流专业人才培养的多元化和个性化。通过与其他专业的交叉融合，物流管理专业可以拓展自身的课程设置和培养方向，培养出更多具备综合素质的人才。例如，物流管理专业可以与国际航空等专业进行交叉融合，培养出既懂物流管理又懂航空营销的复合型人才，满足市场对多元化人才的需求。

最后，交叉融合可以为物流专业发展提供更多的机会和资源。通过与其他学科的交叉融合，物流管理专业可以参与更多的科研项目、学术交流活动以及企业合作等，从而获得更多的资源和支持。例如，物流管理专业可以与机械工程、电子工程等专业进行交叉融合，共同开展智能物流装备、物联网等方面的研究和开发，推动物流行业的创新发展。

综上所述，交叉融合对地方高校物流专业特色化发展具有重要的意义。通过交叉融合，物流管理专业可以不断完善自身的学科体系、拓展人才培养方向、获得更多的机会和资源，从而实现特色化发展。因此，地方高校应当积极推进物流管理专业的交叉融合，探索适应行业需求的人才培养模式和学科建设路径，为物流行业的快速发展提供有力支持。

六、虚拟教研

虚拟教研是一种基于现代信息技术平台，由不同区域、不同学校、不同学科或专业教师动态组织，联合开展协同教学研究与改革实践的教师共同体。它是一种教研模式，旨在促进教师之间的交流与合作，提高教学质量和水平。

虚拟教研有着多方面的好处。首先，虚拟教研可以打破地理限制，实现跨地区、跨学校的教研合作。虚拟教研，不仅可以共享各类教学、科研资源和经验，还可以促进教师之间的跨地区、跨学科、跨校的交流和合作，从而提高教学质量和水平。其次，不同地区的教师还可以实现优势互补，提高自身的学术水平和综合素质。同时，虚拟教研可以引入现代化的信息技术和手段，如网络教学、在线讨论等，丰富教学方式和手段。通过虚拟教研，教师可以更加灵活地安排教学时间和地点，提高教学效果和质量。另外，虚拟教研还可以培养学生的自主学习能力和创新精神。教师通过虚拟实验、项目实践等方式，可以提高学生的实践能力和创新意识，培养出更多的创新型人才。最后，虚拟教研可以促进学科的交叉和融合，推动物流管理专业的学科建设和发展。与其他专业进行合作和交流，可以产生新的学术思想和研究方向，提高物流学科的整体水平和影响力。

综上所述，地方高校物流管理专业开展虚拟教研是适应行业快速发展、促进资源共享和优势互补、提高教学质量和效果、培养创新型人才以及推动学科建设和发展的重要途径，也是未来教研的一种创新形态。

参考文献

［1］郑展鹏，陈少克，吴郁秋. 新文科背景下经济学类一流专业建设面临的困境及实践［J］. 中国大学教学，2022（9）：33-39.

［2］李婧涵. 地方高校国家级一流本科专业建设研究［D］. 沈阳：沈阳师范大学，2022.

［3］杨胜刚. 关于加快一流本科专业点建设的思考：以金融学专业为例［J］. 中国大学教学，2021（8）：35-41，2.

［4］梅雪. 一流本科专业建设：何去何从［J］. 江苏高教，2021（8）：66-71.

［5］王蕾，葛军. 地方应用型高校一流本科专业建设探究［J］. 江苏高教，2021（5）：68-71，79.

［6］李明磊，王战军. 新时代一流专业建设应转向成效式评价［J］. 江苏高教，2020（9）：20-23.

［7］蒋宗礼. 走内涵式发展之路 建设一流专业［J］. 中国大学教学，2020（8）：7-13.

［8］孙有中. 贯彻落实《国标》和《指南》，推进一流专业和一流课程建设［J］. 外语界，2020（3）：2-4.

［9］李志义. 建设一流本科 打造一流专业［J］. 化工高等教育，2020，37（2）：12-18.

［10］王志刚，杨令平. 应用型高校一流专业建设的路径选择［J］. 中国高校科技，2020（Z1）：16-18.

［11］查永军. "双一流"背景下地方高校学科建设困境及突围［J］. 中国电化教育，2020（1）：70-75.

［12］孟庆强. 一流本科专业建设背景下学生发展评价变革研究［J］.

黑龙江高教研究, 2019, 37 (12): 14-17.

[13] 刘六生, 宋文龙. 我国地方高校一流本科专业建设的困境与出路 [J]. 云南师范大学学报 (哲学社会科学版), 2019, 51 (6): 111-119.

[14] 吴丁玲, 胡仁东. 一流学科建设的逻辑遵循与行动策略 [J]. 高校教育管理, 2019, 13 (6): 64-71.

[15] 廖庆喜, 张拥军, 廖宜涛, 等. 基于学科交叉融合的农业工程类一流专业建设探索与实践 [J]. 高等工程教育研究, 2019 (5): 11-15.

[16] 闫长斌, 时刚, 张素磊, 等. "双一流" 和 "双万计划" 背景下学科、专业、课程协同建设: 动因、策略与路径 [J]. 高等教育研究学报, 2019, 42 (3): 35-43.

[17] 郭翠兰. 应用型本科院校一流专业建设策略探析 [J]. 职业技术教育, 2019, 40 (26): 34-37.

[18] 马廷奇. "双万计划" 与高等教育内涵式发展 [J]. 江苏高教, 2019 (9): 15-20.

[19] 林建胡, 陈志勇, 李文芳. 新时代地方应用型本科高校一流专业建设新思路 [J]. 莆田学院学报, 2019, 26 (3): 99-103.

[20] 李志峰, 欧阳丹. 一流本科、一流专业、一流课程: 内在关系与建设策略 [J]. 大学 (研究版), 2019 (6): 17-23, 16.

[21] 王猛. "新工科" 背景下地方高水平大学专业建设研究 [D]. 大庆: 东北石油大学, 2020.

[22] 原朝阳. 应用型本科高校 "一流专业" 建设研究 [J]. 智库时代, 2019 (24): 85-86.

[23] 张忍. "双一流" 战略背景下的地方高校一流专业建设 [D]. 南昌: 江西财经大学, 2020.

[24] 王建华. 关于一流本科专业建设的思考: 兼评 "双万计划" [J]. 重庆高教研究, 2019, 7 (4): 122-128.

[25] 高正艳, 王战军, 杨旭婷. 一流专业建设达成度评价: 内涵与特征 [J]. 上海教育评估研究, 2019, 8 (2): 21-24.

[26] 王强, 姜莉, 戴彤焱, 等. "双一流" 与 "新工科" 背景下应用型本科高校学科、专业及课程一体化建设 [J]. 湖北工程学院学报, 2019, 39 (2): 72-75.

[27] 林健. 一流本科教育: 认识问题、基本特征和建设路径 [J]. 清

华大学教育研究, 2019, 40 (1): 22-30.

[28] 王凯, 胡赤弟. "双一流" 建设背景下创新人才培养绩效影响机制的实证分析: 以学科—专业—产业链为视角 [J]. 教育研究, 2019, 40 (2): 85-93.

[29] 江爱华, 易洋, 梁文萍. "新工科" 视角下一流本科专业建设实践与探索 [J]. 工业和信息化教育, 2018 (11): 24-30.

[30] 顾永安. "专业为王" 时代: 高校如何应对 [J]. 教育发展研究, 2018, 38 (19): 3.

[31] 许晓东, 赵幸. "双一流" 建设背景下我国高等教育质量保障的反思与重构 [J]. 高等教育研究, 2018, 39 (9): 24-29.

[32] 陈恩伦, 龚洪. "双一流" 建设第三方评价的实施构想 [J]. 大学教育科学, 2018 (3): 44-50.

[33] 覃日怡. "双一流" 建设背景下高水平大学教师专业发展研究 [D]. 长沙: 湖南大学, 2019.

[34] 廖祥忠, 谭笑. "一流专业" 群: 争创 "双一流" 的核心竞争力 [J]. 中国高等教育, 2018 (9): 43-45.

[35] 李勇军. "双一流" 建设与本科教学管理: 从专业建设与课程建设两个维度 [J]. 教育现代化, 2018, 5 (11): 314-316.

[36] 冯用军, 赵雪. 中国 "双一流" 战略: 概念框架、分类特征和评估标准 [J]. 现代教育管理, 2018 (1): 12-18.

[37] 陆小兵, 王文军, 钱小龙. "双一流" 战略背景下我国高等教育国际化发展反思 [J]. 高校教育管理, 2018, 12 (1): 27-34.

[38] 别敦荣. 论 "双一流" 建设 [J]. 中国高教研究, 2017 (11): 7-17.

[39] 眭依凡. 关于 "双一流" 建设的理性思考 [J]. 高等教育研究, 2017, 38 (9): 1-8.

[40] 柳贡慧. 地方大学 "双一流" 建设的逻辑与途径 [J]. 中国高等教育, 2017 (18): 33-34.

[41] 褚照锋. 地方政府推进一流大学与一流学科建设的策略与反思: 基于24个地区 "双一流" 政策文本的分析 [J]. 中国高教研究, 2017 (8): 50-55, 67.

[42] 谭光兴, 王祖霖. 处境与策略: "双一流" 战略背景下地方高校

的学科建设 [J]. 国家教育行政学院学报, 2017 (8): 53-58.

[43] 杨岭, 毕宪顺. "双一流" 建设的内涵与基本特征 [J]. 大学教育科学, 2017 (4): 24-30.

[44] 梁传杰. 高校 "双一流" 建设: 理念与行动 [J]. 国家教育行政学院学报, 2017 (3): 22-28.

[45] 方守恩, 曹文泽, 谢辉, 等. 推进世界一流大学和一流学科建设的思考与实践 [J]. 中国高等教育, 2017 (Z1): 18-23.

[46] 倪亚红, 王运来. "双一流" 战略背景下学科建设与人才培养的实践统一 [J]. 江苏高教, 2017 (2): 7-10, 15.

[47] 吴合文. "双一流" 建设的系统审思与推进策略 [J]. 高等教育研究, 2017, 38 (1): 29-36.

[48] 赵纪宁. 浅谈对 "双一流" 建设的认识 [J]. 北京教育 (高教), 2017 (1): 20-23.

[49] 张灵, 李红宇. "双一流" 建设背景下地方高校发展分析与对策思考 [J]. 赤峰学院学报 (汉文哲学社会科学版), 2016, 37 (11): 232-234.

[50] 康宁, 张其龙, 苏慧斌. "985 工程" 转型与 "双一流方案" 诞生的历史逻辑 [J]. 清华大学教育研究, 2016, 37 (5): 11-19.

[51] 马廷奇. "双一流" 建设与大学发展 [J]. 国家教育行政学院学报, 2016 (9): 9-14.

[52] 潘静. "双一流" 建设的内涵与行动框架 [J]. 江苏高教, 2016 (5): 24-27.

[53] 王永生. 地方高校建设 "双一流" 大有可为 [J]. 中国高等教育, 2016 (Z3): 38-40.

[54] 尹达, 申大魁. 论高校 "双一流" 建设的思想理念 [J]. 黑龙江高教研究, 2016 (8): 122-124.

[55] 陈治亚. 高水平行业高校建设一流专业的思考 [J]. 中国高校科技, 2016 (6): 4-6.

[56] 周光礼. "双一流" 建设中的学术突破: 论大学学科、专业、课程一体化建设 [J]. 教育研究, 2016, 37 (5): 72-76.

[57] 杨旸, 吴娟. 地方高校 "双一流" 发展路径探寻 [J]. 长江大学学报 (社科版), 2016, 39 (5): 74-76.

[58] 杨兴林. 关于 "双一流" 建设的三个重要问题思考 [J]. 江苏

高教，2016（2）：40-43，48.

[59] 任友群．"双一流"战略下高等教育国际化的未来发展 [J]．中国高等教育，2016（5）：15-17.

[60] 蔡宗模，吴朝平，杨慷慨．全球化视野下的"双一流"战略与地方院校的抉择 [J]．重庆高教研究，2016，4（1）：24-32.

[61] 肖文珍．基于"三链协同两侧对接"的现代物流管理专业群建设与实践 [J]．河南水利与南水北调，2023，52（9）：118-119.

[62] 刘欣茹．新媒体背景下物流管理专业教学及质量评价体系建设研究 [J]．物流科技，2023，46（18）：161-163，170.

[63] 李萍，邱皓．新文科背景下物流管理专业课程思政建设的探讨 [J]．中国物流与采购，2023（18）：49-50.

[64] 杨白玫，徐旭，朱培培．基于"工匠精神"培养的物流管理专业思政内容完善研究 [J]．高教学刊，2023，9（25）：168-171，176.

[65] 张雪．对接职业标准的现代物流管理专业课程体系建设与探究 [J]．中国储运，2023（9）：59.

[66] 汪苗苗，黄晓野．应用型民办本科院校物流管理专业人才培养的思考：基于产业学院建设 [J]．现代商贸工业，2023，44（17）：51-53.

[67] 杨素华，艾云平．新文科背景下物流管理专业校外实践基地建设研究 [J]．物流工程与管理，2023，45（7）：168-170.

[68] 邱皓，李萍．新文科视域下多层次、跨学科融合的物流管理专业结构优化 [J]．物流工程与管理，2023，45（7）：192-195.

[69] 强浓．产教融合背景下物流管理专业实践教学平台建设 [J]．中国储运，2023（6）：175-176.

[70] 施华，赵智锋．"课堂革命"背景下物流"金课"建设与应用模式的研究 [J]．物流工程与管理，2023，45（5）：195-197.

[71] 姜峰，常碧罗，王欣悦．产教融合共发展 [N]．人民日报，2023-10-27（13）.

[72] 鲁宽，王朝辉．产教融合助推区域经济发展 [N]．云南经济日报，2023-10-27（A04）.

[73] 张雯婧．推进产教融合高质量发展 加快教育强国建设 [N]．天津日报，2023-10-25（11）.

[74] 盛熠，包海霞，孙嘉隆，等．常州大学：深化校企合作 推动产

教融合［N］.科技日报，2023-10-25（08）.

［75］刘霞云，莫家业，张艳霞，等.产教融合促进高质量就业创业的困境及对策研究［J］.中国现代教育装备，2023（19）：152-154，158.

［76］李巧璇，李晨光，万俊毅.产教深度融合的新农科新文科交融经管类虚拟仿真实验教学一流课程建设［J］.高教学刊，2023，9（29）：42-46，51.

［77］杨素华，艾云平.新文科背景下物流管理专业校外实践基地建设研究［J］.物流工程与管理，2023，45（7）：168-170.

［78］陈佳露.智慧物流与智能制造融合背景下物流专业群建设路径研究［J］.物流科技，2023，46（10）：35-37.

［79］杨海超.融合创新创业教育的物流管理专业建设改革研究［J］.物流工程与管理，2023，45（5）：189-191.

［80］祝荣欣.新工科背景下物流工程专业创新型卓越人才培养实践教学平台建设［J］.科技视界，2021（35）：96-97.

［81］车小英，朱聪聪，吴穗玫，等.新文科背景下地方本科院校物流管理专业课程群案例库建设研究［J］.现代商贸工业，2023，44（11）：32-35.

［82］陈建华，袁世军.基于"三效五化"的物流管理专业教学团队建设质量评价体系构建研究［J］.物流科技，2023，46（9）：146-150.

［83］胡志华.时代性与历史使命：数字经济推动物流新文科建设研究［J］.新文科理论与实践，2023（1）：77-86，126.

［84］王鑫春."双高"背景下物流专业课程线上线下混合式"金课"建设研究与实践［J］.中国物流与采购，2023（5）：113-114.

［85］杨洁，庄文芹.物流工程专业物流硬技术实验课程教学模式建设［J］.物流科技，2023，46（4）：166-169.

［86］康与云，李晓东，王振海，等."智慧物流"优势特色专业建设探索与实践［J］.物流技术，2023，42（1）：157-160.

［87］邢菲，张旭.以就业为导向的物流管理专业建设分析［J］.中国航务周刊，2023（3）：61-63.

［88］杨白玫，金凤花，马洪伟.工匠精神视角下本科物流管理专业建设探讨［J］.新课程研究，2023（2）：11-13.

［89］梁培培，赵亚娟，包青.面向"双万计划"的物流管理专业生

态协同建设研究［J］.池州学院学报，2022，36（6）：152-154.

［90］刘晓亮，韩冬语，周琼婕，等.乡村振兴背景下物流管理专业一流本科建设与创新创业人才培养模式研究［J］.包装工程，2022，43（S2）：185-189.

［91］董姗姗.应用型本科院校物流管理专业实践教学体系建设［J］.物流科技，2022，45（18）：177-180.

［92］赵青柳，李海艳.高校物流管理专业建设及教学模式解析［J］.中国航务周刊，2022（32）：63-65.

［93］石甜，杨保华.应用型本科物流管理专业课程体系建设研究［J］.物流科技，2022，45（9）：151-154，182.

［94］.湖北经济学院国家级一流本科专业建设点介绍：物流管理［J］.湖北经济学院学报，2022，20（4）：2，129.

［95］林伟强.电商物流专业群开展社会服务能力提升的影响因素探究［J］.中国储运，2022（4）：204-205.

［96］吴隽，王绍仁，许丽忆.以"双创"能力培养为核心的高校物流管理专业实践实训教学体系建设［J］.物流技术，2022，41（3）：116-120.

［97］郑文家，雷超，王昊，等.新文科视角下物流管理专业课程思政建设探索：以上海海事大学为例［J］.教育教学论坛，2022（12）：1-6.

［98］王长春，双海军.专业集群视角下物流管理课程体系创新：以智慧旅游产业专业服务群为例［J］.物流科技，2023，46（13）：176-178.

［99］李伟，张怡婧，胡馨语."双一流"背景下高等教育与区域经济融合发展探析［J］.国际商务财会，2023（9）：7-11.

［100］祖强，许广举，魏永军.高等教育系统论视域下的产教融合"组合拳"：江苏实践与思考［J］.中国大学教学，2023（4）：61-66.

［101］程开华.地方高水平大学学科建设：时代机遇与推进策略［J］.教育学术月刊，2022（11）：25-30.

［102］李春林，槐娇娇.基于二维分析框架的中国高校"双一流"政策量化分析［J］.高等理科教育，2022（2）：71-78.

［103］本刊讯.三部委发布《关于深入推进世界一流大学和一流学科建设的若干意见》［J］.学位与研究生教育，2022（3）：21.

［104］孟庆伟.第二轮"双一流"建设启动学科调整立足国家战略急需［N］.中国经营报，2022-02-21（A03）.

［105］张盖伦. 新一轮"双一流"建设淡化身份色彩，允许高校"自由发挥"［N］. 科技日报，2022-02-16（08）.

［106］王定华，王名扬. 中国共产党领导高等教育百年的发展脉络、历史经验与未来走向［J］. 中国高教研究，2021（6）：1-8.

［107］刘蕴秀. 中国共产党高等教育事业百年历程：文献学视角的考察［J］. 教育史研究，2021，3（2）：52-69，117.

［108］刘光艳，侯士立，王桂霞，等. 国家一流专业背景下化工专业生产实践教学改革与探讨［J］. 山东化工，2021，50（9）：214-216.

［109］缪兴锋. 物流管理专业本科层次应用型人才培养的课程体系构建［J］. 广东轻工职业技术学院学报，2020，19（4）：48-54.

［110］范一蓉. "双一流"视域下高校创新人才能力协同培养研究［J］. 金陵科技学院学报（社会科学版），2020，34（1）：88-92.

［111］孙淳. 推进我国世界一流大学和一流学科建设的思考与建议：基于部分省份"双一流"建设规划文本的分析［J］. 天津市教科院学报，2017（4）：16-19，29.

［112］赵龙刚，何集体. 浅析"双师型"师资队伍建设问题：以民办高等职业院校为例［J］. 中国集体经济，2011（22）：115.

附录

附录1　国务院关于印发统筹推进世界一流大学和一流学科建设总体方案的通知

（国发〔2015〕64号）

建设世界一流大学和一流学科，是党中央、国务院作出的重大战略决策，对于提升我国教育发展水平、增强国家核心竞争力、奠定长远发展基础，具有十分重要的意义。多年来，通过实施"211工程""985工程"以及"优势学科创新平台"和"特色重点学科项目"等重点建设，一批重点高校和重点学科建设取得重大进展，带动了我国高等教育整体水平的提升，为经济社会持续健康发展作出了重要贡献。同时，重点建设也存在身份固化、竞争缺失、重复交叉等问题，迫切需要加强资源整合，创新实施方式。为认真总结经验，加强系统谋划，加大改革力度，完善推进机制，坚持久久为功，统筹推进世界一流大学和一流学科建设，实现我国从高等教育大国到高等教育强国的历史性跨越，现制定本方案。

一、总体要求

（一）指导思想。

高举中国特色社会主义伟大旗帜，以邓小平理论、"三个代表"重要思想、科学发展观为指导，认真落实党的十八大和十八届二中、三中、四中全会精神，深入贯彻习近平总书记系列重要讲话精神，按照"四个全面"战略布局和党中央、国务院决策部署，坚持以中国特色、世界一流为核心，以立德树人为根本，以支撑创新驱动发展战略、服务经济社会发展为导向，加快建成一批世界一流大学和一流学科，提升我国高等教育综合实力和国际竞争力，为实现"两个一百年"奋斗目标和中华民族伟大复兴的中国梦提供有力支撑。

坚持中国特色、世界一流，就是要全面贯彻党的教育方针，坚持社会主义办学方向，加强党对高校的领导，扎根中国大地，遵循教育规律，创造性地传承中华民族优秀传统文化，积极探索中国特色的世界一流大学和一流学科建设之路，努力成为世界高等教育改革发展的参与者和推动者，培养中国特色社会主义事业建设者和接班人，更好地为社会主义现代化建设服务、为人民服务。

（二）基本原则。

——坚持以一流为目标。引导和支持具备一定实力的高水平大学和高水平学科瞄准世界一流，汇聚优质资源，培养一流人才，产出一流成果，加快走向世界一流。

——坚持以学科为基础。引导和支持高等学校优化学科结构，凝练学科发展方向，突出学科建设重点，创新学科组织模式，打造更多学科高峰，带动学校发挥优势、办出特色。

——坚持以绩效为杠杆。建立激励约束机制，鼓励公平竞争，强化目标管理，突出建设实效，构建完善中国特色的世界一流大学和一流学科评价体系，充分激发高校内生动力和发展活力，引导高等学校不断提升办学水平。

——坚持以改革为动力。深化高校综合改革，加快中国特色现代大学制度建设，着力破除体制机制障碍，加快构建充满活力、富有效率、更加开放、有利于学校科学发展的体制机制，当好教育改革排头兵。

（三）总体目标。

推动一批高水平大学和学科进入世界一流行列或前列，加快高等教育治理体系和治理能力现代化，提高高等学校人才培养、科学研究、社会服务和文化传承创新水平，使之成为知识发现和科技创新的重要力量、先进思想和优秀文化的重要源泉、培养各类高素质优秀人才的重要基地，在支撑国家创新驱动发展战略、服务经济社会发展、弘扬中华优秀传统文化、培育和践行社会主义核心价值观、促进高等教育内涵发展等方面发挥重大作用。

——到 2020 年，若干所大学和一批学科进入世界一流行列，若干学科进入世界一流学科前列。

——到 2030 年，更多的大学和学科进入世界一流行列，若干所大学进入世界一流大学前列，一批学科进入世界一流学科前列，高等教育整体实力显著提升。

——到本世纪中叶，一流大学和一流学科的数量和实力进入世界前列，基本建成高等教育强国。

二、建设任务

（四）建设一流师资队伍。

深入实施人才强校战略，强化高层次人才的支撑引领作用，加快培养和引进一批活跃在国际学术前沿、满足国家重大战略需求的一流科学家、学科领军人物和创新团队，聚集世界优秀人才。遵循教师成长发展规律，以中青年教师和创新团队为重点，优化中青年教师成长发展、脱颖而出的制度环境，培育跨学科、跨领域的创新团队，增强人才队伍可持续发展能力。加强师德师风建设，培养和造就一支有理想信念、有道德情操、有扎实学识、有仁爱之心的优秀教师队伍。

（五）培养拔尖创新人才。

坚持立德树人，突出人才培养的核心地位，着力培养具有历史使命感和社会责任心，富有创新精神和实践能力的各类创新型、应用型、复合型优秀人才。加强创新创业教育，大力推进个性化培养，全面提升学生的综合素质、国际视野、科学精神和创业意识、创造能力。合理提高高校毕业生创业比例，引导高校毕业生积极投身大众创业、万众创新。完善质量保障体系，将学生成长成才作为出发点和落脚点，建立导向正确、科学有效、简明清晰的评价体系，激励学生刻苦学习、健康成长。

（六）提升科学研究水平。

以国家重大需求为导向，提升高水平科学研究能力，为经济社会发展和国家战略实施作出重要贡献。坚持有所为有所不为，加强学科布局的顶层设计和战略规划，重点建设一批国内领先、国际一流的优势学科和领域。提高基础研究水平，争做国际学术前沿并行者乃至领跑者。推动加强战略性、全局性、前瞻性问题研究，着力提升解决重大问题能力和原始创新能力。大力推进科研组织模式创新，依托重点研究基地，围绕重大科研项目，健全科研机制，开展协同创新，优化资源配置，提高科技创新能力。打造一批具有中国特色和世界影响的新型高校智库，提高服务国家决策的能力。建立健全具有中国特色、中国风格、中国气派的哲学社会科学学术评价和学术标准体系。营造浓厚的学术氛围和宽松的创新环境，保护创新、宽容失败，大力激发创新活力。

（七）传承创新优秀文化。

加强大学文化建设，增强文化自觉和制度自信，形成推动社会进步、引领文明进程、各具特色的一流大学精神和大学文化。坚持用价值观引领知识教育，把社会主义核心价值观融入教育教学全过程，引导教师潜心教书育人、静心治学，引导广大青年学生勤学、修德、明辨、笃实，使社会主义核心价值观成为基本遵循，形成优良的校风、教风、学风。加强对中华优秀传统文化和社会主义核心价值观的研究、宣传，认真汲取中华优秀传统文化的思想精华，做到扬弃继承、转化创新，并充分发挥其教化育人作用，推动社会主义先进文化建设。

（八）着力推进成果转化。

深化产教融合，将一流大学和一流学科建设与推动经济社会发展紧密结合，着力提高高校对产业转型升级的贡献率，努力成为催化产业技术变革、加速创新驱动的策源地。促进高校学科、人才、科研与产业互动，打通基础研究、应用开发、成果转移与产业化链条，推动健全市场导向、社会资本参与、多要素深度融合的成果应用转化机制。强化科技与经济、创新项目与现实生产力、创新成果与产业对接，推动重大科学创新、关键技术突破转变为先进生产力，增强高校创新资源对经济社会发展的驱动力。

三、改革任务

（九）加强和改进党对高校的领导。

坚持和完善党委领导下的校长负责制，建立健全党委统一领导、党政分工合作、协调运行的工作机制，不断改革和完善高校体制机制。进一步加强和改进新形势下高校宣传思想工作，牢牢把握高校意识形态工作领导权，不断坚定广大师生中国特色社会主义道路自信、理论自信、制度自信。全面推进高校党的建设各项工作，着力扩大党组织的覆盖面，推进工作创新，有效发挥高校基层党组织战斗堡垒作用和党员先锋模范作用。完善体现高校特点、符合学校实际的惩治和预防腐败体系，严格执行党风廉政建设责任制，切实把党要管党、从严治党的要求落到实处。

（十）完善内部治理结构。

建立健全高校章程落实机制，加快形成以章程为统领的完善、规范、统一的制度体系。加强学术组织建设，健全以学术委员会为核心的学术管理体系与组织架构，充分发挥其在学科建设、学术评价、学术发展和学风建设等方面的重要作用。完善民主管理和监督机制，扩大有序参与，加强议事协商，充分发挥教职工代表大会、共青团、学生会等在民主决策机制中的作用，积极探索师生代表参与学校决策的机制。

（十一）实现关键环节突破。

加快推进人才培养模式改革，推进科教协同育人，完善高水平科研支撑拔尖创新人才培养机制。加快推进人事制度改革，积极完善岗位设置、分类管理、考核评价、绩效工资分配、合理流动等制度，加大对领军人才倾斜支持力度。加快推进科研体制机制改革，在科研运行保障、经费筹措使用、绩效评价、成果转化、收益处置等方面大胆尝试。加快建立资源募集机制，在争取社会资源、扩大办学力量、拓展资金渠道方面取得实质进展。

（十二）构建社会参与机制。

坚持面向社会依法自主办学，加快建立健全社会支持和监督学校发展的长效机制。建立健全理事会制度，制定理事会章程，着力增强理事会的代表性和权威性，健全与理事会成员之间的协商、合作机制，充分发挥理事会对学校改革发展的咨询、协商、审议、监督等功能。加快完善与行业企业密切合作的模式，推进与科研院所、社会团体等资源共享，形成协调合作的有效机制。积极引入专门机构对学校的学科、专业、课程等水平和质量进行评估。

（十三）推进国际交流合作。

加强与世界一流大学和学术机构的实质性合作，将国外优质教育资源有效融合到教学科研全过程，开展高水平人才联合培养和科学联合攻关。加强国际协同创新，积极参与或牵头组织国际和区域性重大科学计划和科学工程。营造良好的国际化教学科研环境，增强对外籍优秀教师和高水平留学生的吸引力。积极参与国际教育规则制定、国际教育教学评估和认证，切实提高我国高等教育的国际竞争力和话语权，树立中国大学的良好品牌和形象。

四、支持措施

(十四) 总体规划，分级支持。

面向经济社会发展需要，立足高等教育发展现状，对世界一流大学和一流学科建设加强总体规划，鼓励和支持不同类型的高水平大学和学科差别化发展，加快进入世界一流行列或前列。每五年一个周期，2016年开始新一轮建设。

高校要根据自身实际，合理选择一流大学和一流学科建设路径，科学规划、积极推进。拥有多个国内领先、国际前沿高水平学科的大学，要在多领域建设一流学科，形成一批相互支撑、协同发展的一流学科，全面提升综合实力和国际竞争力，进入世界一流大学行列或前列。拥有若干处于国内前列、在国际同类院校中居于优势地位的高水平学科的大学，要围绕主干学科，强化办学特色，建设若干一流学科，扩大国际影响力，带动学校进入世界同类高校前列。拥有某一高水平学科的大学，要突出学科优势，提升学科水平，进入该学科领域世界一流行列或前列。

中央财政将中央高校开展世界一流大学和一流学科建设纳入中央高校预算拨款制度中统筹考虑，并通过相关专项资金给予引导支持；鼓励相关地方政府通过多种方式，对中央高校给予资金、政策、资源支持。地方高校开展世界一流大学和一流学科建设，由各地结合实际推进，所需资金由地方财政统筹安排，中央财政通过支持地方高校发展的相关资金给予引导支持。中央基本建设投资对世界一流大学和一流学科建设相关基础设施给予支持。

(十五) 强化绩效，动态支持。

创新财政支持方式，更加突出绩效导向，形成激励约束机制。资金分配更多考虑办学质量特别是学科水平、办学特色等因素，重点向办学水平高、特色鲜明的学校倾斜，在公平竞争中体现扶优扶强扶特。完善管理方式，进一步增强高校财务自主权和统筹安排经费的能力，充分激发高校争创一流、办出特色的动力和活力。

建立健全绩效评价机制，积极采用第三方评价，提高科学性和公信度。在相对稳定支持的基础上，根据相关评估评价结果、资金使用管理等情况，动态调整支持力度，增强建设的有效性。对实施有力、进展良好、成效明显的，适当加大支持力度；对实施不力、进展缓慢、缺乏实效的，适当减少支持力度。

（十六）多元投入，合力支持。

建设世界一流大学和一流学科是一项长期任务，需要各方共同努力，完善政府、社会、学校相结合的共建机制，形成多元化投入、合力支持的格局。

鼓励有关部门和行业企业积极参与一流大学和一流学科建设。围绕培养所需人才、解决重大瓶颈等问题，加强与有关高校合作，通过共建、联合培养、科技合作攻关等方式支持一流大学和一流学科建设。

按照平稳有序、逐步推进原则，合理调整高校学费标准，进一步健全成本分担机制。高校要不断拓宽筹资渠道，积极吸引社会捐赠，扩大社会合作，健全社会支持长效机制，多渠道汇聚资源，增强自我发展能力。

五、组织实施

（十七）加强组织管理。

国家教育体制改革领导小组负责顶层设计、宏观布局、统筹协调、经费投入等重要事项决策，重大问题及时报告国务院。教育部、财政部、发展改革委负责规划部署、推进实施、监督管理等工作，日常工作由教育部承担。

（十八）有序推进实施。

要完善配套政策，根据本方案组织制定绩效评价和资金管理等具体办法。

要编制建设方案，深入研究学校的建设基础、优势特色、发展潜力等，科学编制发展规划和建设方案，提出具体的建设目标、任务和周期，明确改革举措、资源配置和资金筹集等安排。

要开展咨询论证，组织相关专家，结合经济社会发展需求和国家战略需要，对学校建设方案的科学性、可行性进行咨询论证，提出意见建议。

要强化跟踪指导，对建设过程实施动态监测，及时发现建设中存在的问题，提出改进的意见建议。建立信息公开公示网络平台，接受社会公众监督。

附录2 教育部 财政部 国家发展改革委关于印发 《统筹推进世界一流大学和一流学科建设 实施办法（暂行）》的通知

教研〔2017〕2号

各省、自治区、直辖市人民政府，国务院各部委、各直属机构：

为贯彻落实党中央、国务院关于建设世界一流大学和一流学科的重大战略决策，根据国务院《统筹推进世界一流大学和一流学科建设总体方案》，教育部、财政部、国家发展改革委制定了《统筹推进世界一流大学和一流学科建设实施办法（暂行）》，经国务院同意，现予以印发。

教育部 财政部 国家发展改革委

2017年1月24日

统筹推进世界一流大学和一流学科建设实施办法（暂行）

第一章 总则

第一条 为贯彻落实党中央、国务院关于建设世界一流大学和一流学科的重大战略决策部署，根据《统筹推进世界一流大学和一流学科建设总体方案》（国发〔2015〕64号，以下简称《总体方案》），制定本办法。

第二条 全面贯彻党的教育方针，坚持社会主义办学方向，按照"四个全面"战略布局和创新、协调、绿色、开放、共享发展理念，以中国特色、世界一流为核心，落实立德树人根本任务，以一流为目标、以学科为基础、以绩效为杠杆、以改革为动力，推动一批高水平大学和学科进入世界一流行列或前列，为实现"两个一百年"奋斗目标、实现中华民族伟大复兴的中国梦提供有力支撑。

第三条 面向国家重大战略需求，面向经济社会主战场，面向世界科技发展前沿，突出建设的质量效益、社会贡献度和国际影响力，突出学科交叉融合和协同创新，突出与产业发展、社会需求、科技前沿紧密衔接，深化产教融合，全面提升我国高等教育在人才培养、科学研究、社会服务、文化传承创新和国际交流合作中的综合实力。到 2020 年，若干所大学和一批学科进入世界一流行列，若干学科进入世界一流学科前列；到 2030 年，更多的大学和学科进入世界一流行列，若干所大学进入世界一流大学前列，一批学科进入世界一流学科前列，高等教育整体实力显著提升；到本世纪中叶，一流大学和一流学科的数量和实力进入世界前列，基本建成高等教育强国。

第四条　加强总体规划，坚持扶优扶需扶特扶新，按照"一流大学"和"一流学科"两类布局建设高校，引导和支持具备较强实力的高校合理定位、办出特色、差别化发展，努力形成支撑国家长远发展的一流大学和一流学科体系。

第五条　坚持以学科为基础，支持建设一百个左右学科，着力打造学科领域高峰。支持一批接近或达到世界先进水平的学科，加强建设关系国家安全和重大利益的学科，鼓励新兴学科、交叉学科，布局一批国家急需、支撑产业转型升级和区域发展的学科，积极建设具有中国特色、中国风格、中国气派的哲学社会科学体系，着力解决经济社会中的重大战略问题，提升国家自主创新能力和核心竞争力。强化学科建设绩效考核，引领高校提高办学水平和综合实力。

第六条　每五年一个建设周期，2016 年开始新一轮建设。建设高校实行总量控制、开放竞争、动态调整。

第二章　遴选条件

第七条　一流大学建设高校应是经过长期重点建设、具有先进办学理念、办学实力强、社会认可度较高的高校，须拥有一定数量国内领先、国际前列的高水平学科，在改革创新和现代大学制度建设中成效显著。一流学科建设高校应具有居于国内前列或国际前沿的高水平学科，学科水平在有影响力的第三方评价中进入前列，或者国家急需、具有重大的行业或区域影响、学科优势突出、具有不可替代性。

人才培养方面，坚持立德树人，培育和践行社会主义核心价值观，在拔尖创新人才培养模式、协同育人机制、创新创业教育方面成果显著；积极推进课程体系和教学内容改革，教学成果丰硕；资源配置、政策导向体现人才培养的核心地位；质量保障体系完善，有高质量的本科生教育和研究生教育；注重培养学生社会责任感、法治意识、创新精神和实践能力，人才培养质量得到社会高度认可。

科学研究方面，科研组织和科研机制健全，协同创新成效显著。基础研究处于科学前沿，原始创新能力较强，形成具有重要影响的新知识新理论；应用研究解决了国民经济中的重大关键性技术和工程问题，或实现了重大颠覆性技术创新；哲学社会科学研究为解决经济社会发展重大理论和现实问题提供了有效支撑。

社会服务方面，产学研深度融合，实现合作办学、合作育人、合作发展，科研成果转化绩效突出，形成具有中国特色和世界影响的新型高端智库，为国家和区域经济转型、产业升级和技术变革、服务国家安全和社会公共安全做出突出贡献，运用新知识新理论认识世界、传承文明、科学普及、资政育人和服务社会成效显著。

文化传承创新方面，传承弘扬中华优秀传统文化，推动社会主义先进文化建设成效显著；增强文化自信，具有较强的国际文化传播影响力；具有师生认同的优秀教风学风校风，具有广阔的文化视野和强大的文化创新能力，形成引领社会进步、特色鲜明的大学精神和大学文化。

师资队伍建设方面，教师队伍政治素质强，整体水平高，潜心教书育人，师德师风优良；一线教师普遍掌握先进的教学方法和技术，教学经验丰富，教学效果良好；有一批活跃在国际学术前沿的一流专家、学科领军人物和创新团队；教师结构合理，中青年教师成长环境良好，可持续发展后劲足。

国际交流合作方面，吸引海外优质师资、科研团队和学生能力强，与世界高水平大学学生交换、学分互认、联合培养成效显著，与世界高水平大学和学术机构有深度的学术交流与科研合作，深度参与国际或区域性重大科学计划、科学工程，参加国际标准和规则的制定，国际影响力较强。

第三章　遴选程序

第八条　坚持公平公正、开放竞争。采取认定方式确定一流大学、一流学科建设高校及建设学科。

第九条　设立世界一流大学和一流学科建设专家委员会，由政府有关部门、高校、科研机构、行业组织人员组成。专家委员会根据《总体方案》要求和本办法，以中国特色学科评价为主要依据，参考国际相关评价因素，综合高校办学条件、学科水平、办学质量、主要贡献、国际影响力等情况，以及高校主管部门意见，论证确定一流大学和一流学科建设高校的认定标准。

第十条　根据认定标准专家委员会遴选产生拟建设高校名单，并提出意见建议。教育部、财政部、发展改革委审议确定建议名单。

第十一条　列入拟建设名单的高校要根据自身实际，以改革为动力，结合学校综合改革方案和专家委员会咨询建议，确定建设思路，合理选择建设路径，自主确定学科建设口径和范围，科学编制整体建设方案、分学科建设方案（以下统称建设方案）。建设方案要以人才培养为核心，优化学科建设结构和布局，完善内部治理结构，形成调动各方积极参与的长效建设机制，以一流学科建设引领健全学科生态体系，带动学校整体发展。以5年为一周期，统筹安排建设和改革任务，综合考虑各渠道资金和相应的管理要求，设定合理、具体的分阶段建设目标和建设内容，细化具体的执行项目，提出系统的考核指标体系，避免平均用力或碎片化。高校须组织相关专家，结合经济社会发展需求和国家战略需要，对建设方案的科学性、可行性进行深入论证。

第十二条　论证通过的建设方案及专家论证报告，经高校报所属省级人民政府或主管部门审核通过后，报教育部、财政部、发展改革委。

第十三条　专家委员会对高校建设方案进行审核，提出意见。

第十四条　教育部、财政部、发展改革委根据专家委员会意见，研究确定一流大学、一流学科建设高校及建设学科，报国务院批准。

第四章　支持方式

第十五条　创新支持方式，强化精准支持，综合考虑建设高校基础、学科类别及发展水平等，给予相应支持。

第十六条　中央高校开展世界一流大学和一流学科建设所需经费由中央财政支持；中央预算内投资对中央高校学科建设相关基础设施给予支持。纳入世界一流大学和一流学科建设范围的地方高校，所需资金由地方财政统筹安排，中央财政予以引导支持。有关部门深化高等教育领域简政放权改革，放管结合优化服务，在考试招生、人事制度、经费管理、学位授权、科研评价等方面切实落实建设高校自主权。

第十七条　地方政府和有关主管部门应通过多种方式，对世界一流大学和一流学科建设加大资金、政策、资源支持力度。建设高校要积极争取社会各方资源，形成多元支持的长效机制。

第十八条　建设高校完善经费使用管理方式，切实管好用好，提高使用效益。

第五章　动态管理

第十九条　加强过程管理，实施动态监测，及时跟踪指导。以学科为基础，制定科学合理的绩效评价办法，开展中期和期末评价，加大经费动态支持力度，形成激励约束机制，增强建设实效。

第二十条　建设中期，建设高校根据建设方案对建设情况进行自评，对改革的实施情况、建设目标和任务完成情况、学科水平、资金管理使用情况等进行分析，发布自评报告。专家委员会根据建设高校的建设方案和自评报告，参考有影响力的第三方评价，对建设成效进行评价，提出中期评价意见。根据中期评价结果，对实施有力、进展良好、成效明显的建设高校及建设学科，加大支持力度；对实施不力、进展缓慢、缺乏实效的建设高校及建设学科，提出警示并减小支持力度。

第二十一条　打破身份固化，建立建设高校及建设学科有进有出动态调整机制。建设过程中，对于出现重大问题、不再具备建设条件且经警示整改仍无改善的高校及建设学科，调整出建设范围。

第二十二条　建设期末，建设高校根据建设方案对建设情况进行整体自评，对改革的实施情况、建设目标和任务完成情况、学科水平、资金管理使用情况等进行全面分析，发布整体自评报告。专家委员会根据建设高校的建设方案及整体自评报告，参考有影响力的第三方评价，对建设成效进行评价，提出评价意见。根据期末评价结果等情况，重新确定下一轮建设范围。对于建设成效特别突出、国际影响力特别显著的少数建设高校及建设学科，在资金和政策上加大支持力度。

第六章　组织实施

第二十三条　教育部、财政部、发展改革委建立部际协调机制，负责规划部署、推进实施、监督管理等工作。

第二十四条　省级政府应结合经济社会发展需求和基础条件，统筹推动区域内有特色高水平大学和优势学科建设，积极探索不同类型高校的一流建设之路。

第二十五条　建设高校要全面加强党的领导和党的建设，坚持正确办学方向，深化综合改革，破除体制机制障碍，统筹学校整体建设和学科建设，加强组织保障，营造良好建设环境。

第二十六条　动员各方力量积极参与世界一流大学和一流学科建设，鼓励行业企业加强与高校合作，协同建设。省级政府、行业主管部门加大对建设高校的投入，强化跟踪指导，及时发现建设中存在的问题，提出改进的意见和建议。

第二十七条　坚持公开透明，建立信息公开网络平台，公布建设高校的建设方案及建设学科、绩效评价情况等，强化社会监督。

第七章　附则

第二十八条　本办法由教育部、财政部、发展改革委负责解释。

第二十九条　本办法自发布之日起实施。

附录3 第一轮"双一流"建设高校名单和"双一流"建设学科名单

第一轮"双一流"建设高校名单
（按学校代码排序）

一、一流大学建设高校42所

1. A类36所

北京大学、中国人民大学、清华大学、北京航空航天大学、北京理工大学、中国农业大学、北京师范大学、中央民族大学、南开大学、天津大学、大连理工大学、吉林大学、哈尔滨工业大学、复旦大学、同济大学、上海交通大学、华东师范大学、南京大学、东南大学、浙江大学、中国科学技术大学、厦门大学、山东大学、中国海洋大学、武汉大学、华中科技大学、中南大学、中山大学、华南理工大学、四川大学、重庆大学、电子科技大学、西安交通大学、西北工业大学、兰州大学、国防科技大学

2. B类6所

东北大学、郑州大学、湖南大学、云南大学、西北农林科技大学、新疆大学

二、一流学科建设高校95所

北京交通大学、北京工业大学、北京科技大学、北京化工大学、北京邮电大学、北京林业大学、北京协和医学院、北京中医药大学、首都师范大学、北京外国语大学、中国传媒大学、中央财经大学、对外经济贸易大学、外交学院、中国人民公安大学、北京体育大学、中央音乐学院、中国音乐学院、中央美术学院、中央戏剧学院、中国政法大学、天津工业大学、天津医科大学、天津中医药大学、华北电力大学、河北工业大学、太原理工大学、内蒙古大学、辽宁大学、大连海事大学、延边大学、东北师范大学、哈尔滨工程大学、东北农业大学、东北林业大学、华东理工大学、东华大学、上海海洋大学、上海中医药大学、上海外国语大学、上海

财经大学、上海体育学院、上海音乐学院、上海大学、苏州大学、南京航空航天大学、南京理工大学、中国矿业大学、南京邮电大学、河海大学、江南大学、南京林业大学、南京信息工程大学、南京农业大学、南京中医药大学、中国药科大学、南京师范大学、中国美术学院、安徽大学、合肥工业大学、福州大学、南昌大学、河南大学、中国地质大学、武汉理工大学、华中农业大学、华中师范大学、中南财经政法大学、湖南师范大学、暨南大学、广州中医药大学、华南师范大学、海南大学、广西大学、西南交通大学、西南石油大学、成都理工大学、四川农业大学、成都中医药大学、西南大学、西南财经大学、贵州大学、西藏大学、西北大学、西安电子科技大学、长安大学、陕西师范大学、青海大学、宁夏大学、石河子大学、中国石油大学、宁波大学、中国科学院大学、第二军医大学、第四军医大学

"双一流"建设学科名单
（按学校代码排序）

北京大学：哲学、理论经济学、应用经济学、法学、政治学、社会学、马克思主义理论、心理学、中国语言文学、外国语言文学、考古学、中国史、世界史、数学、物理学、化学、地理学、地球物理学、地质学、生物学、生态学、统计学、力学、材料科学与工程、电子科学与技术、控制科学与工程、计算机科学与技术、环境科学与工程、软件工程、基础医学、临床医学、口腔医学、公共卫生与预防医学、药学、护理学、艺术学理论、现代语言学、语言学、机械及航空航天和制造工程、商业与管理、社会政策与管理

中国人民大学：哲学、理论经济学、应用经济学、法学、政治学、社会学、马克思主义理论、新闻传播学、中国史、统计学、工商管理、农林经济管理、公共管理、图书情报与档案管理

注：1. 不加（自定）标示的学科，是根据"双一流"建设专家委员会确定的标准而认定的学科；

2. 加（自定）标示的学科，是根据"双一流"建设专家委员会建议由高校自主确定的学科；

3. 高校建设方案中的自主建设学科按照专家委员会的咨询建议修改后

由高校自行公布。

清华大学：法学、政治学、马克思主义理论、数学、物理学、化学、生物学、力学、机械工程、仪器科学与技术、材料科学与工程、动力工程及工程热物理、电气工程、信息与通信工程、控制科学与工程、计算机科学与技术、建筑学、土木工程、水利工程、化学工程与技术、核科学与技术、环境科学与工程、生物医学工程、城乡规划学、风景园林学、软件工程、管理科学与工程、工商管理、公共管理、设计学、会计与金融、经济学和计量经济学、统计学与运筹学、现代语言学

北京交通大学：系统科学

北京工业大学：土木工程（自定）

北京航空航天大学：力学、仪器科学与技术、材料科学与工程、控制科学与工程、计算机科学与技术、航空宇航科学与技术、软件工程

北京理工大学：材料科学与工程、控制科学与工程、兵器科学与技术

北京科技大学：科学技术史、材料科学与工程、冶金工程、矿业工程

北京化工大学：化学工程与技术（自定）

北京邮电大学：信息与通信工程、计算机科学与技术

中国农业大学：生物学、农业工程、食品科学与工程、作物学、农业资源与环境、植物保护、畜牧学、兽医学、草学

北京林业大学：风景园林学、林学

北京协和医学院：生物学、生物医学工程、临床医学、药学

北京中医药大学：中医学、中西医结合、中药学

北京师范大学：教育学、心理学、中国语言文学、中国史、数学、地理学、系统科学、生态学、环境科学与工程、戏剧与影视学、语言学

首都师范大学：数学

北京外国语大学：外国语言文学

中国传媒大学：新闻传播学、戏剧与影视学

中央财经大学：应用经济学

对外经济贸易大学：应用经济学（自定）

外交学院：政治学（自定）

中国人民公安大学：公安学（自定）

北京体育大学：体育学

中央音乐学院：音乐与舞蹈学

中国音乐学院：音乐与舞蹈学（自定）

中央美术学院：美术学、设计学

中央戏剧学院：戏剧与影视学

中央民族大学：民族学

中国政法大学：法学

南开大学：世界史、数学、化学、统计学、材料科学与工程

天津大学：化学、材料科学与工程、化学工程与技术、管理科学与工程

天津工业大学：纺织科学与工程

天津医科大学：临床医学（自定）

天津中医药大学：中药学

华北电力大学：电气工程（自定）

河北工业大学：电气工程（自定）

太原理工大学：化学工程与技术（自定）

内蒙古大学：生物学（自定）

辽宁大学：应用经济学（自定）

大连理工大学：化学、工程

东北大学：控制科学与工程

大连海事大学：交通运输工程（自定）

吉林大学：考古学、数学、物理学、化学、材料科学与工程

延边大学：外国语言文学（自定）

东北师范大学：马克思主义理论、世界史、数学、化学、统计学、材料科学与工程

哈尔滨工业大学：力学、机械工程、材料科学与工程、控制科学与工程、计算机科学与技术、土木工程、环境科学与工程

哈尔滨工程大学：船舶与海洋工程

东北农业大学：畜牧学（自定）

东北林业大学：林业工程、林学

复旦大学：哲学、政治学、中国语言文学、中国史、数学、物理学、化学、生物学、生态学、材料科学与工程、环境科学与工程、基础医学、临床医学、中西医结合、药学、机械及航空航天和制造工程、现代语言学

同济大学：建筑学、土木工程、测绘科学与技术、环境科学与工程、

城乡规划学、风景园林学、艺术与设计

上海交通大学：数学、化学、生物学、机械工程、材料科学与工程、信息与通信工程、控制科学与工程、计算机科学与技术、土木工程、化学工程与技术、船舶与海洋工程、基础医学、临床医学、口腔医学、药学、电子电气工程、商业与管理

华东理工大学：化学、材料科学与工程、化学工程与技术

东华大学：纺织科学与工程

上海海洋大学：水产

上海中医药大学：中医学、中药学

华东师范大学：教育学、生态学、统计学

上海外国语大学：外国语言文学

上海财经大学：统计学

上海体育学院：体育学

上海音乐学院：音乐与舞蹈学

上海大学：机械工程（自定）

南京大学：哲学、中国语言文学、外国语言文学、物理学、化学、天文学、大气科学、地质学、生物学、材料科学与工程、计算机科学与技术、化学工程与技术、矿业工程、环境科学与工程、图书情报与档案管理

苏州大学：材料科学与工程（自定）

东南大学：材料科学与工程、电子科学与技术、信息与通信工程、控制科学与工程、计算机科学与技术、建筑学、土木工程、交通运输工程、生物医学工程、风景园林学、艺术学理论

南京航空航天大学：力学

南京理工大学：兵器科学与技术

中国矿业大学：安全科学与工程、矿业工程

南京邮电大学：电子科学与技术

河海大学：水利工程、环境科学与工程

江南大学：轻工技术与工程、食品科学与工程

南京林业大学：林业工程

南京信息工程大学：大气科学

南京农业大学：作物学、农业资源与环境

南京中医药大学：中药学

中国药科大学：中药学

南京师范大学：地理学

浙江大学：化学、生物学、生态学、机械工程、光学工程、材料科学与工程、电气工程、控制科学与工程、计算机科学与技术、农业工程、环境科学与工程、软件工程、园艺学、植物保护、基础医学、药学、管理科学与工程、农林经济管理

中国美术学院：美术学

安徽大学：材料科学与工程（自定）

中国科学技术大学：数学、物理学、化学、天文学、地球物理学、生物学、科学技术史、材料科学与工程、计算机科学与技术、核科学与技术、安全科学与工程

合肥工业大学：管理科学与工程（自定）

厦门大学：化学、海洋科学、生物学、生态学、统计学

福州大学：化学（自定）

南昌大学：材料科学与工程

山东大学：数学、化学

中国海洋大学：海洋科学、水产

中国石油大学（华东）：石油与天然气工程、地质资源与地质工程

郑州大学：临床医学（自定）、材料科学与工程（自定）、化学（自定）

河南大学：生物学

武汉大学：理论经济学、法学、马克思主义理论、化学、地球物理学、生物学、测绘科学与技术、矿业工程、口腔医学、图书情报与档案管理

华中科技大学：机械工程、光学工程、材料科学与工程、动力工程及工程热物理、电气工程、计算机科学与技术、基础医学、公共卫生与预防医学

中国地质大学（武汉）：地质学、地质资源与地质工程

武汉理工大学：材料科学与工程

华中农业大学：生物学、园艺学、畜牧学、兽医学、农林经济管理

华中师范大学：政治学、中国语言文学

中南财经政法大学：法学（自定）

湖南大学：化学、机械工程

中南大学：数学、材料科学与工程、冶金工程、矿业工程

湖南师范大学：外国语言文学（自定）

中山大学：哲学、数学、化学、生物学、生态学、材料科学与工程、电子科学与技术、基础医学、临床医学、药学、工商管理

暨南大学：药学（自定）

华南理工大学：化学、材料科学与工程、轻工技术与工程、农学

广州中医药大学：中医学

华南师范大学：物理学

海南大学：作物学（自定）

广西大学：土木工程（自定）

四川大学：数学、化学、材料科学与工程、基础医学、口腔医学、护理学

重庆大学：机械工程（自定）、电气工程（自定）、土木工程（自定）

西南交通大学：交通运输工程

电子科技大学：电子科学与技术、信息与通信工程

西南石油大学：石油与天然气工程

成都理工大学：地质学

四川农业大学：作物学（自定）

成都中医药大学：中药学

西南大学：生物学

西南财经大学：应用经济学（自定）

贵州大学：植物保护（自定）

云南大学：民族学、生态学

西藏大学：生态学（自定）

西北大学：地质学

西安交通大学：力学、机械工程、材料科学与工程、动力工程及工程热物理、电气工程、信息与通信工程、管理科学与工程、工商管理

西北工业大学：机械工程、材料科学与工程

西安电子科技大学：信息与通信工程、计算机科学与技术

长安大学：交通运输工程（自定）

西北农林科技大学：农学

陕西师范大学：中国语言文学（自定）

兰州大学：化学、大气科学、生态学、草学

青海大学：生态学（自定）

宁夏大学：化学工程与技术（自定）

新疆大学：马克思主义理论（自定）、化学（自定）、计算机科学与技术（自定）

石河子大学：化学工程与技术（自定）

中国矿业大学（北京）：安全科学与工程、矿业工程

中国石油大学（北京）：石油与天然气工程、地质资源与地质工程

中国地质大学（北京）：地质学、地质资源与地质工程

宁波大学：力学

中国科学院大学：化学、材料科学与工程

国防科技大学：信息与通信工程、计算机科学与技术、航空宇航科学与技术、软件工程、管理科学与工程

第二军医大学：基础医学

第四军医大学：临床医学（自定）

附录4 教育部 财政部 国家发展改革委关于深入推进世界一流大学和一流学科建设的若干意见

教研〔2022〕1号

各省、自治区、直辖市人民政府，国务院各部委、各直属机构，中央军委办公厅：

建设世界一流大学和一流学科（以下简称"双一流"建设）是党中央、国务院作出的重大战略部署。"双一流"建设实施以来，各项工作有力推进，改革发展成效明显，推动高等教育强国建设迈上新的历史起点。为着力解决"双一流"建设中仍然存在的高层次创新人才供给能力不足、服务国家战略需求不够精准、资源配置亟待优化等问题，经中央深改委会议审议通过，现就"十四五"时期深入推进"双一流"建设提出如下意见。

一、准确把握新发展阶段战略定位，全力推进"双一流"高质量建设

1. 指导思想

以习近平新时代中国特色社会主义思想为指导，深入贯彻党的十九大和十九届历次全会精神，深入落实习近平总书记关于教育的重要论述和全国教育大会、中央人才工作会议、全国研究生教育会议精神，立足中华民族伟大复兴战略全局和世界百年未有之大变局，立足新发展阶段、贯彻新发展理念、服务构建新发展格局，全面贯彻党的教育方针，落实立德树人根本任务，对标2030年更多的大学和学科进入世界一流行列以及2035年建成教育强国、人才强国的目标，更加突出"双一流"建设培养一流人才、服务国家战略需求、争创世界一流的导向，深化体制机制改革，统筹推进、分类建设一流大学和一流学科，在关键核心领域加快培养战略科技人才、一流科技领军人才和创新团队，为全面建成社会主义现代化强国提供有力支撑。

2. 基本原则

——坚定正确方向，践行以人民为中心的发展思想，心怀"国之大者"，坚持社会主义办学方向，坚持中国特色社会主义教育发展道路，加强党对"双一流"建设的全面领导，贯彻"四为"方针，把发展科技第一

生产力、培养人才第一资源、增强创新第一动力更好结合起来，更好为改革开放和社会主义现代化建设服务。

——坚持立德树人，突出人才培养中心地位，牢记为党育人、为国育才初心使命，以全面提升培养能力为重点，更加注重三全育人模式创新，不断提高培养质量，着力培养堪当民族复兴大任的时代新人，打造一流人才方阵。

——坚持特色一流，扎根中国大地，深化内涵发展，彰显优势特色，积极探索中国特色社会主义大学建设之路。瞄准世界一流，培养一流人才、产出一流成果，引导建设高校在不同领域和方向争创一流，构建一流大学体系，为国家经济社会发展提供坚实的人才支撑和智力支持。

——服务国家急需，强化建设高校在国家创新体系中的地位和作用，想国家之所想、急国家之所急、应国家之所需，面向世界科技前沿、面向经济主战场、面向国家重大需求、面向人民生命健康，率先发挥"双一流"建设高校培养急需高层次人才和基础研究人才主力军作用，以及优化学科专业布局和支撑创新策源地的基础作用。

——保持战略定力，充分认识建设的长期性、艰巨性和复杂性，遵循人才培养、学科发展、科研创新内在规律，把握高质量内涵式发展要求，不唯排名、不唯数量指标，不急功近利，突出重点、聚焦难点、守正创新、久久为功。

二、强化立德树人，造就一流自立自强人才方阵

3. 坚持用习近平新时代中国特色社会主义思想铸魂育人。加强党的创新理论武装，突出思想引领和政治导向，深化落实习近平新时代中国特色社会主义思想进教材、进课堂、进头脑，不断增强师生政治认同、思想认同和情感认同。完善全员全过程全方位育人体制机制，不断加强思政课程与课程思政协同育人机制建设，着力培育具有时代精神的中国特色大学文化，引导广大青年学生爱国爱民、锤炼品德、勇于创新、实学实干，努力培养堪当民族复兴大任的时代新人。

4. 牢固确立人才培养中心地位。坚持把立德树人成效作为检验学校一切工作的根本标准，构建德智体美劳全面培养的教育体系。以促进学生身心健康全面发展为中心，以"兴趣+能力+使命"为培养路径，全面推进思想政治工作体系、学科体系、教学体系、教材体系、管理体系建设，率先建成高质量本科教育和卓越研究生教育体系。健全师德师风建设长效机制，加强学术规范教育，以教风建设促进和带动优良学风建设。强化高校、科研院所和行业企业协同育人，支持和鼓励联合开展研究生培养，深化产教融合，建设国家产教融合人才培养基地，示范构建育人模式，全面提升创新型、应用型、复合型优秀人才培养能力。

5. 完善强化教师教书育人职责的机制。加大力度推进教育教学改革，积极探索新时代教育教学方法，不断提升教书育人本领。构建全面提升教育教学能力的教师发展体系，引导教师当好学生成长成才的引路人，培育一批教育理念先进、热爱教学的教学名师和教学带头人。不断完善教学评价体系，多维度考察教师在思政建设、教学投入等方面的实绩，促进教学质量持续提升。完善体制机制，支撑和保障教师潜心育人、做大先生、研究真问题，成为学生为学、为事、为人的示范。

6. 加快培养急需高层次人才。大力培养引进一大批具有国际水平的战略科学家、一流科技领军人才、青年科技人才和创新团队。实施"国家急需高层次人才培养专项"，加大力度培养理工农医类人才。持续实施强基计划，深入实施基础学科拔尖学生培养计划2.0，推进基础学科本硕博贯通培养，加强基础学科人才培养能力，为实现"0到1"突破的原始创新储备人才。充分利用中华优秀传统文化及国内外哲学社会科学积极成果，加强马克思主义理论高层次人才和哲学社会科学拔尖人才培养。面向集成电路、人工智能、储能技术、数字经济等关键领域加强交叉学科人才培养。强化科教融合，完善人才培育引进与团队、平台、项目耦合机制，把科研优势转化为育人优势。

三、服务新发展格局，优化学科专业布局

7. 率先推进学科专业调整。健全国家急需学科专业引导机制，按年度发布重点领域学科专业清单，鼓励建设高校着力发展国家急需学科，以及关系国计民生、影响长远发展的战略性学科。支持建设高校瞄准世界科学前沿和关键技术领域优化学科布局，整合传统学科资源，强化人才培养和科技创新的学科基础。对现有学科体系进行调整升级，打破学科专业壁垒，推进新工科、新医科、新农科、新文科建设，积极回应社会对高层次人才需求。布局交叉学科专业，培育学科增长点。

8. 夯实基础学科建设。实施"基础学科深化建设行动"，稳定支持一

批立足前沿、自由探索的基础学科，重点布局一批基础学科研究中心。加强数理化生等基础理论研究，扶持一批"绝学"、冷门学科，改善学科发展生态。根据基础学科特点和创新发展规律，实行建设学科长周期评价，为基础性、前瞻性研究创造宽松包容环境。建设一批基础学科培养基地，以批判思维和创新能力培养为重点，强化学术训练和科研实践，强化大团队、大平台、大项目的科研优势转化为育人资源和育人优势，为高水平科研创新培养高水平复合型人才。

9. 加强应用学科建设。加强应用学科与行业产业、区域发展的对接联动，推动建设高校更新学科知识，丰富学科内涵。重点布局建设先进制造、能源交通、现代农业、公共卫生与医药、新一代信息技术、现代服务业等社会需求强、就业前景广阔、人才缺口大的应用学科。

10. 推进中国特色哲学社会科学体系建设。坚持马克思主义指导地位，提出新观点，构建新理论，加快构建中国特色、中国风格、中国气派的哲学社会科学学科体系、学术体系、话语体系。巩固马克思主义理论一级学科基础地位，强化习近平新时代中国特色社会主义思想学理化学科化研究阐释。围绕基础科学前沿面临的重大哲学问题以及科技发展对人类社会的影响，加强科学哲学研究，进一步拓展科学创新的思想空间，推动科学文化建设。深入实施高校哲学社会科学繁荣计划，加快完善对哲学社会科学具有支撑作用的学科，推动马克思主义理论与马克思主义哲学、政治经济学、科学社会主义、中共党史党建等学科联动发展，建好教育部哲学社会科学实验室、高校人文社会科学重点研究基地，强化中国特色新型高校智库育人功能。

11. 推动学科交叉融合。以问题为中心，建立交叉学科发展引导机制，搭建交叉学科的国家级平台。以跨学科高水平团队为依托，以国家科技创新基地、重大科技基础设施为支撑，加强资源供给和政策支持，建设交叉学科发展第一方阵。创新交叉融合机制，打破学科专业壁垒，促进自然科学之间、自然科学与人文社会科学之间交叉融合，围绕人工智能、国家安全、国家治理等领域培育新兴交叉学科。完善管理与评价机制，防止简单拼凑，形成规范有序、更具活力的学科发展环境。

四、坚持引育并举，打造高水平师资队伍

12. 建设高水平人才队伍。引导全体教师按照有理想信念、有道德情操、有扎实学识、有仁爱之心的"四有"好老师标准严格要求自己，坚定理想信念，践行教书育人初心使命，提高教师思想政治和育人水平。统筹国内外人才资源，创设具有国际竞争力和吸引力的高端平台、资源配置和环境氛围，集聚享誉全球的学术大师和服务国家需求的领军人才，为加快建设世界重要人才中心和创新高地提供有力支撑。发挥大学在科技合作中的重要作用，加强制度建设，规范人才引进，引导国内人才有序流动。

13. 完善创新团队建设机制。优化团队遴选机制，健全基于贡献的科研团队评价机制，大力推进科研组织模式创新。优化高等院校、科研院所、行业企业高端人才资源在教育教学方面的交流共享机制，促进高水平科研反哺教学。加强创新团队文化建设，探索建立创新容错机制，营造鼓励创新、宽容失败的环境氛围。

14. 加强青年人才培育工作。鼓励建设高校扩大博士后招收培养数量，将博士后作为师资的重要来源。加大长期稳定支持的力度，为青年人才深入"无人区"潜心耕作提供条件和制度保障。关心关爱青年人才，加强青年骨干力量培养，破除论资排辈、求全责备等观念和做法，支持青年人才挑大梁、当主角。完善青年人才脱颖而出、大量涌现的体制机制，挖掘培育一批具有学术潜力和创新活力的青年人才。

五、完善大学创新体系，深化科教融合育人

15. 支撑高水平科技自立自强。围绕打造国家战略科技力量，服务国家创新体系建设，完善以健康学术生态为基础、以有效学术治理为保障、以立足国内自主培养一流人才和产生一流学术成果为目标的大学创新体系。做厚做实基础研究，深入推进"高等学校基础研究珠峰计划"，重点支持基础性、前瞻性、非共识、高风险、颠覆性科研工作。加强关键领域核心技术攻关，加快推进人工智能、区块链等专项行动计划，努力攻克新一代信息技术、现代交通、先进制造、新能源、航空航天、深空深地深海、生命健康、生物育种等"卡脖子"技术。建设高水平科研设施，推进重大创新基地实体化建设，推动高校内部科研组织模式和结构优化，汇聚高层次人才团队，强化有组织创新，抢占科技创新战略制高点。鼓励跨校跨机构跨学科开展高质量合作，充分发挥建设高校整体优势，集中力量开展高层次创新人才培养和联合科研攻关。加强与国家实验室以及国家发展改革委、科技部、工业和信息化部等建设管理的重大科研平台的协同对

接，整合资源、形成合力。

16. 实施"一流学科培优行动"。瞄准国家高精尖缺领域，针对战略新兴产业、传承弘扬中华优秀传统文化以及治国理政新领域新方向，由具备条件的建设高校"揭榜挂帅"，完善人才培养体系，优化面向需求的育人机制，促进高校、产业、平台等融合育人，力争在国际可比学科和方向上更快突破，取得创新性先导性成果，打造国际学术标杆，成为前沿科技领域战略科学家、哲学社会科学领军人才和卓越工程师成长的主要基地。加大急需人才培养力度，扩大相关学科领域高层次人才培养规模。

17. 提升区域创新发展水平。加强高校、科研院所、企业等主体协同创新，建立协同组织、系统集成的高端研发平台，推动产学研用深度融合，促进科技成果转化，推进教育链、人才链、创新链与产业链有机衔接。立足服务国家区域发展战略，推动高校融入区域创新体系。充分发挥建设高校示范带动作用，通过对口支援、学科合建、课程互选、学分互认、学生访学、教师互聘、科研互助等实质性合作，强化辐射引领，带动推进地方高水平大学和优势特色学科建设，加快形成区域高等教育发展新格局，推动构建服务全民终身学习的教育体系，引领区域经济社会创新发展。

六、推进高水平对外开放合作，提升人才培养国际竞争力

18. 全面提升国际交流合作水平。建立健全与高水平教育开放相适应的高校外事管理体系，探索与世界高水平大学双向交流的留学支持新机制，开展学分互认、学位互授联授，搭建中外教育文化友好交往的合作平台，促进和深化人文交流。规范来华留学生管理，扩大优秀学历学位生规模，推进来华留学生英语授课示范课程建设，全面提升来华学历学位留学教育质量。

19. 深度融入全球创新网络。鼓励建设高校发起国际学术组织和大学合作联盟，举办高水平学术会议和论坛，创办高水平学术期刊，加大面向国际组织的人才培养，提升参与教育规则标准制定的话语权。深入推进共建"一带一路"教育行动，参与国际重大议题研究，主动设计和牵头发起国际大科学计划和大科学工程，主动承担涉及人类生存发展共性问题的教育发展和科研攻关任务，为人才提供国际一流的创新平台，参与应对全球性挑战，促进人类共同福祉。

七、优化管理评价机制，引导建设高校特色发展

20. 完善成效评价体系。推进深化新时代教育评价改革总体方案落实落地，把人才质量作为评价的重中之重，坚决克服"五唯"顽瘴痼疾，探索分类评价与国际同行评议，构建以创新价值、能力、贡献为导向，反映内涵发展和特色发展的多元多维成效评价体系。完善毕业生跟踪调查及结果运用，建立健全需求与就业动态反馈机制。将建设高校引领带动区域发展作用情况作为建设成效评价的重要内容，对成效显著的给予倾斜支持。基于大数据常态化监测，着力建设"监测—改进—评价"机制，强化诊断功能，落实高校的建设主体责任。

21. 优化动态调整机制。以需求为导向、以学科为基础、以质量为条件、以竞争为机制，立足长期重点建设，对建设高校和学科总量控制、动态调整，减少遴选和评价工作对高校建设的影响，引导高校着眼长远发展、聚焦内涵建设。对建设基础好、办学质量高、服务需求优势突出的高校和学科，列入建设范围。对发展水平不高、建设成效不佳的高校和学科，减少支持力度直至调出建设范围。对建设成效显著的高校探索实行后奖补政策。

22. 探索自主特色发展新模式。强化一流大学作为人才培养主阵地、基础研究主力军和重大科技突破策源地定位，依据国家需求分类支持一流大学和一流学科建设高校，淡化身份色彩，强特色、创一流。优化以学科为基础的建设模式，坚持问题导向和目标导向，不拘泥于一级学科，允许部分高校按领域和方向开展学科建设。选择若干高水平大学，全面赋予自主设置建设学科、评价周期等权限，鼓励探索办学新模式。选择具有鲜明特色和综合优势的建设高校，赋予一定的自主设置、调整建设学科的权限，设置相对宽松的评价周期。健全自主建设高校权责匹配的管理机制，确保自主权落地、用好。对于区域特征突出的建设高校，支持面向区域重大需求强化学科建设。

八、完善稳定支持机制，加大建设高校条件保障力度

23. 引导多元投入。建立健全中央、地方、企业、社会协同投入长效机制。中央财政专项持续稳定支持。巩固扩大地方政府多渠道支持力度，鼓励地方政府为"双一流"建设创造优良政策环境。强化精准支持，突出

绩效导向，形成激励约束机制，在公平竞争中体现扶优扶强扶特。引导建设高校立足优势，扩大社会合作，积极争取社会资源。

24. 创新经费管理。依据服务需求、建设成效和学科特色等因素，对建设高校和学科实行差异化财政资金支持。扩大建设高校经费使用自主权，允许部分高校在财政专项资金支持范围内自主安排项目经费，按五年建设周期进行执行情况考核和绩效考评。落实完善科研经费使用等自主权。

25. 强化基础保障。加大中央预算内基础设施建设投资力度，重点加强主干基础学科、优势特色学科、新兴交叉学科。新增研究生招生计划、推免指标等，向服务重点领域的高校和学科倾斜，向培养急需人才成效显著的高校和学科倾斜，向中西部和东北地区的高校和学科倾斜。针对关键核心领域，加大对建设高校国家产教融合创新平台建设的支持力度。

九、加强组织领导，提升建设高校治理能力

26. 加强党的全面领导。坚定政治立场，提高政治站位，把党的领导贯穿建设全过程和各方面，强化高校党委管党治党、正风反腐、办学治校主体责任，把握学校发展及学科建设定位，坚持和完善党委领导下的校长负责制，把好办学方向关、人才政治关、发展质量关。认真贯彻落实新时代党的组织路线，加强领导班子自身建设，统筹推进干部队伍建设，健全党委统一领导、党政齐抓共管、部门各负其责的体制机制，使"双一流"建设与党的建设同步谋划、同步推进，激发师生员工参与建设的积极性、主动性和创造性。

27. 强化建设高校责任落实。对标教育现代化目标和要求，健全学校政策制定和落实机制，统筹编制好学校整体规划和学科建设、人才培养等专项规划，形成定位准确、有序衔接的政策体系。健全工作协同机制，完善上下贯通、执行有力的组织体系，提高资源配置效益和管理服务效能。落实和扩大高校办学自主权，注重权责匹配、放管相济，积极营造专心育人、潜心治学的环境。完善学校内部治理结构，深化人事制度、人才评价改革，充分激发建设高校内生动力和办学活力，加快推进治理体系和治理能力现代化。

教育部　财政部　国家发展改革委
2022 年 1 月 26 日

附录5 第二轮"双一流"建设高校及建设学科名单

（按学校代码排序）

北京大学：（自主确定建设学科并自行公布）

中国人民大学：哲学、理论经济学、应用经济学、法学、政治学、社会学、马克思主义理论、新闻传播学、中国史、统计学、工商管理、农林经济管理、公共管理、图书情报与档案管理

清华大学：（自主确定建设学科并自行公布）

北京交通大学：系统科学

北京工业大学：土木工程

北京航空航天大学：力学、仪器科学与技术、材料科学与工程、控制科学与工程、计算机科学与技术、交通运输工程、航空宇航科学与技术、软件工程

北京理工大学：物理学、材料科学与工程、控制科学与工程、兵器科学与技术

北京科技大学：科学技术史、材料科学与工程、冶金工程、矿业工程

北京化工大学：化学工程与技术

北京邮电大学：信息与通信工程、计算机科学与技术

中国农业大学：生物学、农业工程、食品科学与工程、作物学、农业资源与环境、植物保护、畜牧学、兽医学、草学

北京林业大学：风景园林学、林学

北京协和医学院：生物学、生物医学工程、临床医学、公共卫生与预防医学、药学

北京中医药大学：中医学、中西医结合、中药学

北京师范大学：哲学、教育学、心理学、中国语言文学、外国语言文学、中国史、数学、地理学、系统科学、生态学、环境科学与工程、戏剧与影视学

首都师范大学：数学

北京外国语大学：外国语言文学

中国传媒大学：新闻传播学、戏剧与影视学

中央财经大学：应用经济学

对外经济贸易大学：应用经济学

外交学院：政治学

中国人民公安大学：公安学

北京体育大学：体育学

中央音乐学院：音乐与舞蹈学

中国音乐学院：音乐与舞蹈学

中央美术学院：美术学、设计学

中央戏剧学院：戏剧与影视学

中央民族大学：民族学

中国政法大学：法学

南开大学：应用经济学、世界史、数学、化学、统计学、材料科学与工程

天津大学：化学、材料科学与工程、动力工程及工程热物理、化学工程与技术、管理科学与工程

天津工业大学：纺织科学与工程

天津医科大学：临床医学

天津中医药大学：中药学

华北电力大学：电气工程

河北工业大学：电气工程

山西大学：哲学、物理学

太原理工大学：化学工程与技术

内蒙古大学：生物学

辽宁大学：应用经济学

大连理工大学：力学、机械工程、化学工程与技术

东北大学：冶金工程、控制科学与工程

大连海事大学：交通运输工程

吉林大学：考古学、数学、物理学、化学、生物学、材料科学与工程

延边大学：外国语言文学

东北师范大学：马克思主义理论、教育学、世界史、化学、统计学、材料科学与工程

哈尔滨工业大学：力学、机械工程、材料科学与工程、控制科学与工程、计算机科学与技术、土木工程、航空宇航科学与技术、环境科学与工程

哈尔滨工程大学：船舶与海洋工程

东北农业大学：畜牧学

东北林业大学：林业工程、林学

复旦大学：哲学、应用经济学、政治学、马克思主义理论、中国语言文学、外国语言文学、中国史、数学、物理学、化学、生物学、生态学、材料科学与工程、环境科学与工程、基础医学、临床医学、公共卫生与预防医学、中西医结合、药学、集成电路科学与工程

同济大学：生物学、建筑学、土木工程、测绘科学与技术、环境科学与工程、城乡规划学、风景园林学、设计学

上海交通大学：数学、物理学、化学、生物学、机械工程、材料科学与工程、电子科学与技术、信息与通信工程、控制科学与工程、计算机科学与技术、土木工程、化学工程与技术、船舶与海洋工程、基础医学、临床医学、口腔医学、药学、工商管理

华东理工大学：化学、材料科学与工程、化学工程与技术

东华大学：材料科学与工程、纺织科学与工程

上海海洋大学：水产

上海中医药大学：中医学、中药学

华东师范大学：教育学、生态学、统计学

上海外国语大学：外国语言文学

上海财经大学：应用经济学

上海体育学院：体育学

上海音乐学院：音乐与舞蹈学

上海大学：机械工程

南京大学：哲学、理论经济学、中国语言文学、外国语言文学、物理学、化学、天文学、大气科学、地质学、生物学、材料科学与工程、计算机科学与技术、化学工程与技术、矿业工程、环境科学与工程、图书情报与档案管理

苏州大学：材料科学与工程

东南大学：机械工程、材料科学与工程、电子科学与技术、信息与通信工程、控制科学与工程、计算机科学与技术、建筑学、土木工程、交通

运输工程、生物医学工程、风景园林学、艺术学理论

南京航空航天大学：力学、控制科学与工程、航空宇航科学与技术

南京理工大学：兵器科学与技术

中国矿业大学：矿业工程、安全科学与工程

南京邮电大学：电子科学与技术

河海大学：水利工程、环境科学与工程

江南大学：轻工技术与工程、食品科学与工程

南京林业大学：林业工程

南京信息工程大学：大气科学

南京农业大学：作物学、农业资源与环境

南京医科大学：公共卫生与预防医学

南京中医药大学：中药学

中国药科大学：中药学

南京师范大学：地理学

浙江大学：化学、生物学、生态学、机械工程、光学工程、材料科学与工程、动力工程及工程热物理、电气工程、控制科学与工程、计算机科学与技术、土木工程、农业工程、环境科学与工程、软件工程、园艺学、植物保护、基础医学、临床医学、药学、管理科学与工程、农林经济管理

中国美术学院：美术学

安徽大学：材料科学与工程

中国科学技术大学：数学、物理学、化学、天文学、地球物理学、生物学、科学技术史、材料科学与工程、计算机科学与技术、核科学与技术、安全科学与工程

合肥工业大学：管理科学与工程

厦门大学：教育学、化学、海洋科学、生物学、生态学、统计学

福州大学：化学

南昌大学：材料科学与工程

山东大学：中国语言文学、数学、化学、临床医学

中国海洋大学：海洋科学、水产

中国石油大学（华东）：地质资源与地质工程、石油与天然气工程

郑州大学：化学、材料科学与工程、临床医学

河南大学：生物学

武汉大学：理论经济学、法学、马克思主义理论、化学、地球物理学、生物学、土木工程、水利工程、测绘科学与技术、口腔医学、图书情报与档案管理

华中科技大学：机械工程、光学工程、材料科学与工程、动力工程及工程热物理、电气工程、计算机科学与技术、基础医学、临床医学、公共卫生与预防医学

中国地质大学（武汉）：地质学、地质资源与地质工程

武汉理工大学：材料科学与工程

华中农业大学：生物学、园艺学、畜牧学、兽医学、农林经济管理

华中师范大学：政治学、教育学、中国语言文学

中南财经政法大学：法学

湘潭大学：数学

湖南大学：化学、机械工程、电气工程

中南大学：数学、材料科学与工程、冶金工程、矿业工程、交通运输工程

湖南师范大学：外国语言文学

中山大学：哲学、数学、化学、生物学、生态学、材料科学与工程、电子科学与技术、基础医学、临床医学、药学、工商管理

暨南大学：药学

华南理工大学：化学、材料科学与工程、轻工技术与工程、食品科学与工程

华南农业大学：作物学

广州医科大学：临床医学

广州中医药大学：中医学

华南师范大学：物理学

海南大学：作物学

广西大学：土木工程

四川大学：数学、化学、材料科学与工程、基础医学、口腔医学、护理学重庆大学：机械工程、电气工程、土木工程

西南交通大学：交通运输工程

电子科技大学：电子科学与技术、信息与通信工程

西南石油大学：石油与天然气工程

成都理工大学：地质资源与地质工程

四川农业大学：作物学

成都中医药大学：中药学

西南大学：教育学、生物学

西南财经大学：应用经济学

贵州大学：植物保护

云南大学：民族学、生态学

西藏大学：生态学

西北大学：考古学、地质学

西安交通大学：力学、机械工程、材料科学与工程、动力工程及工程热物理、电气工程、控制科学与工程、管理科学与工程、工商管理

西北工业大学：机械工程、材料科学与工程、航空宇航科学与技术

西安电子科技大学：信息与通信工程、计算机科学与技术

长安大学：交通运输工程

西北农林科技大学：植物保护、畜牧学

陕西师范大学：中国语言文学

兰州大学：化学、大气科学、生态学、草学

青海大学：生态学

宁夏大学：化学工程与技术

新疆大学：马克思主义理论、化学、计算机科学与技术

石河子大学：化学工程与技术

中国矿业大学（北京）：矿业工程、安全科学与工程

中国石油大学（北京）：地质资源与地质工程、石油与天然气工程

中国地质大学（北京）：地质学、地质资源与地质工程

宁波大学：力学

南方科技大学：数学

上海科技大学：材料科学与工程

中国科学院大学：化学、材料科学与工程

国防科技大学：信息与通信工程、计算机科学与技术、航空宇航科学与技术、软件工程、管理科学与工程

海军军医大学：基础医学

空军军医大学：临床医学

附录 6　教育部 财政部 国家发展改革委关于印发 《"双一流"建设成效评价办法（试行）》的通知

教研〔2020〕13 号

各省、自治区、直辖市教育厅（教委）、财政厅（局）、发展改革委，新疆生产建设兵团教育局、财政局、发展改革委，有关部门（单位）教育司（局），有关高等学校：

教育部、财政部、国家发展改革委制定了《"双一流"建设成效评价办法（试行)》，现印发给你们，请认真贯彻执行。

教育部　财政部　国家发展改革委

2020 年 12 月 30 日

"双一流"建设成效评价办法（试行）

第一章　总则

第一条　为贯彻落实《深化新时代教育评价改革总体方案》，加快"双一流"建设，促进高等教育内涵式发展、高质量发展，推进治理体系和治理能力现代化，根据《统筹推进世界一流大学和一流学科建设总体方案》（国发〔2015〕64 号，以下简称《总体方案》)、《统筹推进世界一流大学和一流学科建设实施办法（暂行)》（教研〔2017〕2 号）和《关于高等学校加快"双一流"建设的指导意见》（教研〔2018〕5 号），制定本办法。

第二条　"双一流"建设成效评价以习近平新时代中国特色社会主义思想为指导，深入贯彻落实党的十九大和十九届二中、三中、四中、五中全会精神，全面贯彻党的教育方针，坚持党对教育事业的全面领导，坚定社会主义办学方向，以中国特色、世界一流为核心，突出培养一流人才、产出一流成果，主动服务国家需求，克服"五唯"顽瘴痼疾，以中国特色"双一流"建设成效评价体系引导高校和学科争创世界一流。

第三条　"双一流"建设成效评价是对高校及其学科建设实现大学功

能、内涵发展及特色发展成效的多元多维评价，综合呈现高校自我评价、专家评价和第三方评价结果。评价遵循以下原则：

1. 一流目标，关注内涵建设。坚持中国特色与世界一流，坚持办学正确方向，坚持以立德树人根本任务为内涵建设牵引，聚焦人才培养、队伍建设、科研贡献与机制创新，在具有可比性的领域进入世界一流行列或前列，不唯排名、不唯数量指标。

2. 需求导向，聚焦服务贡献。考察建设高校主动面向世界科技前沿、面向经济主战场、面向国家重大需求、面向人民生命健康，在突破关键核心技术、探索前沿科学问题和解决重大社会现实问题等方面作出的重要贡献，尤其是基础研究取得"从 0 到 1"重大原始创新成果的情况。考察立足优势学科主动融入和支撑区域及行业产业发展的情况。考察传承弘扬中华传统文化、推进中国特色社会主义文化建设、促进人类文明发展，以及在开拓治国理政研究新领域新方向上取得创新性先导性成果的情况。

3. 分类评价，引导特色发展。以学科为基础，依据办学传统与发展任务、学科特色与交叉融合趋势、行业产业支撑与区域服务，探索建立院校分类评价体系，鼓励不同类型高校围绕特色提升质量和竞争力，在不同领域和方向建成一流。

4. 以评促建，注重持续提升。设立常态化建设监测体系，注重考察期中和期末建设目标达成度、高校及学科发展度，合理参考第三方评价表现度，形成监测、改进与评价"三位一体"评价模式，督促高校落实建设主体责任，治本纠偏，持续提高建设水平。

第二章　成效评价重点

第四条　成效评价由大学整体建设评价和学科建设评价两部分组成，统筹整合《总体方案》五大建设任务和五大改革任务作为评价重点，综合客观数据和主观评议，分整体发展水平、成长提升程度、可持续发展能力不同视角，考察和呈现高校和学科的建设成效。

第五条　对建设高校"加强党的全面领导与治理体系改革成效"的评价，贯穿成效评价各个方面，反映学校全面加强党的建设和领导，坚持社会主义办学方向，党建引领和保障"双一流"建设，依法治校、依法办学，完善现代大学制度和治理体系等方面的表现，是对高校整体建设和学科建设坚持中国特色本质要求的统领性、决定性评价。

第六条 大学整体建设评价,分别按人才培养、教师队伍建设、科学研究、社会服务、文化传承创新和国际交流合作六个方面相对独立组织,综合呈现结果;学科建设评价,主要考察建设学科在人才培养、科学研究、社会服务、教师队伍建设四个方面的综合成效。

具体评价要求是:

1. 人才培养评价。将立德树人成效作为根本考察标准,以人才培养过程、结果及影响为评价对象,突出培养一流人才,综合考察建设高校思政课程、课程思政、教学投入与改革、创新创业教育、毕业生就业质量以及德智体美劳全面发展等方面的建设举措与成效。

2. 教师队伍建设评价。突出教师思想政治素质和师德师风建设,克服"唯论文""唯帽子""唯职称""唯学历""唯奖项""唯项目"倾向,综合考察教师队伍师德师风、教育教学、科学研究、社会服务和专业发展等方面的情况,以及建设高校在推进人事制度改革,提高专任教师队伍水平、影响力及发展潜力的举措和成效。

3. 科学研究评价。突出原始创新与重大突破,不唯数量、不唯论文、不唯奖项,实行代表作评价,强调成果的创新质量和贡献,结合重大、重点创新基地平台建设情况,综合考察建设高校提高科技创新水平、解决国家关键技术"卡脖子"问题、推进科技评价改革的主要举措,在构建中国特色哲学社会科学学科体系、学术体系、话语体系中发挥的主力军作用,以及面向改革发展重大实践,推动思想理论创新、服务资政决策等方面成效。

4. 社会服务评价。突出贡献和引领,综合考察建设高校技术转移与成果转化的情况、服务国家重大战略和行业产业发展以及区域发展需求、围绕国民经济社会发展加强重点领域学科专业建设和急需人才培养、特色高端智库体系建设情况、成果转化效益以及参与国内外重要标准制订等方面的成效。

5. 文化传承创新评价。突出传承与创新中国特色社会主义先进文化,综合考察建设高校传承严谨学风和科学精神、中华优秀传统文化和红色文化,弘扬社会主义核心价值观的理论建设和社会实践创新,塑造大学精神及校园文化建设的举措和成效以及校园文化建设引领社会文化发展的贡献度。

6. 国际交流合作评价。突出实效与影响,综合考察建设高校统筹国内国外两种资源，提升人才培养和科学研究的水平以及服务国家对外开放的能力，加强多渠道国际交流合作，持续增强国际影响力的成效。

第七条　不同评价方面，相应设置整体发展水平、成长提升程度及可持续发展能力的评价角度，重视对成长性、特色性发展的评价，引导高校和学科关注长远发展。

1. 整体发展水平。考察高校和学科建设的达成水平，在可比领域与国内外大学和学科进行比较。

2. 成长提升程度。考察高校和学科在建设周期内的水平变化，体现成长增量及发展质量。

3. 可持续发展能力。考察高校和学科的结构布局、特色优势、资源投入、平台建设、体制机制改革及制度体系创新完善、治理效能等支撑发展的条件与水平，体现发展潜力。

第三章　成效评价组织

第八条　每轮建设中期，开展建设高校自我评估。

建设高校应依据本办法相关要求，对照学校建设方案，制定自评工作方案，系统整理建设成效数据，组织校内外专家对建设目标和任务完成情况、学科建设水平、资金管理使用情况以及建设中存在的问题等进行分析，提出整改措施，发布自评报告。

第九条　每轮建设期末，开展建设周期成效评价。按以下程序进行：

1. 建设高校根据建设方案对改革实施情况、建设目标和任务完成情况、学科水平、资金管理使用情况等进行自我评价。

2. 教育部根据本办法制定成效评价工作方案，委托相关机构分别开展定量数据处理、定性评议、第三方评价结果比对等工作，有关机构分别提出初步评价结果。

3. "双一流"建设专家委员会根据建设高校的建设方案、中期和期末自评报告、相关机构初步评价结果，形成综合评价意见。

4. "双一流"建设主管部门根据专家委员会的评价意见，综合研究，确定评价结果，上报国务院。

第十条　成效评价实行水平评价与效益考核相结合，考察建设高校和学科在建设基础、突破贡献、特色凝练等方面的表现。避免简单以条件、数量、排名变化作为评价指标，既考核在现有资源条件下的建设成果及其对学校整体建设带动效应，也衡量在已有发展基础上的成长提升及发展潜力。

第十一条　成效评价实行日常动态监测与周期评价相结合。以成效评价内容为依据，建立常态化的建设监测体系，建设周期内对大学整体建设和学科建设过程和结果，实现连续跟踪、监测与评估一体化，周期评价以动态监测积累的过程信息与数据为主要支撑。

第十二条　成效评价实行定量评价与定性评议相结合。依据公开数据、可参考的第三方评价结果及监测数据进行定量评价。对建设高校与建设学科定期发布的进展报告、中期和期末自评报告、典型特色案例及其他写实性材料，组织专家进行定性评议。定量结果定性结论互相补充、互为印证。

第十三条　以学科为基础，探索建设成效国际比较。科学合理确定相关领域的世界一流标杆，结合大数据分析和同行评议等，对建设高校和学科在全球同类院校相关可比领域的表现、影响力、发展潜力等进行综合考察。

第十四条　适时开展分类评价。研究建立建设高校分类体系，完善分类评价办法，引导和鼓励高校与学科在发展中突出优势，注重特色建设。

第四章　评价结果运用

第十五条　建立成效评价结果多维多样化呈现机制。按不同评价方面、不同学校和学科类型，以区间和梯度分布等形式，呈现建设高校和建设学科的综合评价结果，不计算总分、不发布排名。

第十六条　综合评价结果作为下一轮建设范围动态调整的主要依据。

第十七条　教育部、财政部、国家发展改革委根据综合评价结果，对实施有力、进展良好、成效明显的建设高校及建设学科，加大支持力度；对实施不力、进展缓慢、缺乏实效的建设高校及建设学科，减少支持力度。

第五章　附则

第十八条　建设高校在动态监测、中期自评和周期评价中应确保材料和数据真实准确。凡发现造假作伪等情形的，建设主管部门将视情节予以严肃处理。情节严重的，减少支持直至调整出建设范围。

第十九条　本办法自公布之日起实施。

附录7 教育部 财政部 国家发展改革委印发
《关于高等学校加快"双一流"建设的指导意见》的通知

教研〔2018〕5号

各省、自治区、直辖市教育厅（教委）、财政厅（局）、发展改革委，新疆生产建设兵团教育局、财务局、发展改革委，有关部门（单位）教育司（局），有关高等学校：

为贯彻落实党的十九大精神，加快"双一流"建设，根据国务院印发的《统筹推进世界一流大学和一流学科建设总体方案》和教育部、财政部、国家发展改革委联合印发的《统筹推进世界一流大学和一流学科建设实施办法（暂行）》，教育部、财政部、国家发展改革委制定了《关于高等学校加快"双一流"建设的指导意见》，现予以印发。

教育部　财政部　国家发展改革委
2018年8月8日

关于高等学校加快"双一流"建设的指导意见

为深入贯彻落实党的十九大精神，加快一流大学和一流学科建设，实现高等教育内涵式发展，全面提高人才培养能力，提升我国高等教育整体水平，根据《统筹推进世界一流大学和一流学科建设总体方案》和《统筹推进世界一流大学和一流学科建设实施办法（暂行）》，制定本意见。

一、总体要求

（一）指导思想

以习近平新时代中国特色社会主义思想为指导，深入贯彻落实党的十九大精神，紧紧围绕统筹推进"五位一体"总体布局和协调推进"四个全面"战略布局，全面贯彻落实党的教育方针，以中国特色世界一流为核心，以高等教育内涵式发展为主线，落实立德树人根本任务，紧紧抓住坚持办学正确政治方向、建设高素质教师队伍和形成高水平人才培养体系三项基础性工作，以体制机制创新为着力点，全面加强党的领导，调动各种积极因素，在深化改革、服务需求、开放合作中加快发展，努力建成一批中国特色社会主义标杆大学，确保实现"双一流"建设总体方案确定的战略目标。

（二）基本原则

坚持特色一流。扎根中国大地，服务国家重大战略需求，传承创新优秀文化，积极主动融入改革开放、现代化建设和民族复兴伟大进程，体现优势特色，提升发展水平，办人民满意的教育。瞄准世界一流，吸收世界上先进的办学治学经验，遵循教育教学规律，积极参与国际合作交流，有效扩大国际影响，实现跨越发展、超越引领。

坚持内涵发展。创新办学理念，转变发展模式，以多层次多类型一流人才培养为根本，以学科为基础，更加注重结构布局优化协调，更加注重人才培养模式创新，更加注重资源的有效集成和配置，统筹近期目标与长远规划，实现以质量为核心的可持续发展。

坚持改革驱动。全面深化改革，注重体制机制创新，充分激发各类人才积极性主动性创造性和高校内生动力，加快构建充满活力、富有效率、更加开放、动态竞争的体制机制。

坚持高校主体。明确高校主体责任，对接需求，统筹学校整体建设和学科建设，主动作为，充分发掘集聚各方面积极因素，加强多方协同，确保各项建设与改革任务落地见效。

二、落实根本任务，培养社会主义建设者和接班人

（三）坚持中国特色社会主义办学方向

建设中国特色世界一流大学必须坚持办学正确政治方向。坚持和加强党的全面领导，牢固树立"四个意识"，坚定"四个自信"，把"四个自信"转化为办好中国特色世界一流大学的自信和动力。践行"四个服务"，立足中国实践、解决中国问题，为国家发展、人民福祉做贡献。高校党委要把政治建设摆在首位，深入实施基层党建质量提升攻坚行动，全面推进高校党组织"对标争先"建设计划和教师党支部书记"双带头人"培育工程，加强教师党支部、学生党支部建设，巩固马克思主义在高校意识形态领域的指导地位，切实履行好管党治党、办学治校主体责任。

（四）引导学生成长成才

育人为本，德育为先，着力培养一大批德智体美全面发展的社会主义

建设者和接班人。深入研究学生的新特点新变化新需求，大力加强理想信念教育和国情教育，抓好马克思主义理论教育，践行社会主义核心价值观，坚持不懈推进习近平新时代中国特色社会主义思想进教材、进课堂、进学生头脑，使党的创新理论全面融入高校思想政治工作。深入实施高校思想政治工作质量提升工程，深化"三全育人"综合改革，实现全员全过程全方位育人；实施普通高校思想政治理论课建设体系创新计划，大力推动以"思政课+课程思政"为目标的课堂教学改革，使各类课程、资源、力量与思想政治理论课同向同行，形成协同效应。发挥哲学社会科学育人优势，加强人文关怀和心理引导。实施高校体育固本工程和美育提升工程，提高学生体质健康水平和艺术审美素养。鼓励学生参与教学改革和创新实践，改革学习评价制度，激励学生自主学习、奋发学习、全面发展。做好学生就业创业工作，鼓励学生到基层一线发光发热，在服务国家发展战略中大显身手。

（五）形成高水平人才培养体系

把立德树人的成效作为检验学校一切工作的根本标准，一体化构建课程、科研、实践、文化、网络、心理、管理、服务、资助、组织等育人体系，把思想政治工作贯穿教育教学全过程、贯通人才培养全体系。突出特色优势，完善切合办学定位、互相支撑发展的学科体系，充分发挥学科育人功能；突出质量水平，建立知识结构完备、方式方法先进的教学体系，推动信息技术、智能技术与教育教学深度融合，构建"互联网+"条件下的人才培养新模式，推进信息化实践教学，充分利用现代信息技术实现优质教学资源开放共享，全面提升师生信息素养；突出价值导向，建立思想性、科学性和时代性相统一的教材体系，加快建设教材建设研究基地，把教材建设作为学科建设的重要内容和考核指标，完善教材编写审查、遴选使用、质量监控和评价机制，建立优秀教材编写激励保障机制，努力编写出版具有世界影响的一流教材；突出服务效能，创新以人为本、责权明确的管理体系；健全分流退出机制和学生权益保护制度，完善有利于激励学习、公平公正的学生奖助体系。

（六）培养拔尖创新人才

深化教育教学改革，提高人才培养质量。率先确立建成一流本科教育目标，强化本科教育基础地位，把一流本科教育建设作为"双一流"建设的基础任务，加快实施"六卓越一拔尖"人才培养计划2.0，建成一批一流本科专业；深化研究生教育综合改革，进一步明确不同学位层次的培养要求，改革培养方式，加快建立科教融合、产学结合的研究生培养机制，着力改进研究生培养体系，提升研究生创新能力。深化和扩大专业学位教育改革，强化研究生实践能力，培养高层次应用型人才。大力培养高精尖急缺人才，多方集成教育资源，制定跨学科人才培养方案，探索建立政治过硬、行业急需、能力突出的高层次复合型人才培养新机制。推进课程改革，加强不同培养阶段课程和教学的一体化设计，坚持因材施教、循序渐进、教学相长，将创新创业能力和实践能力培养融入课程体系。

三、全面深化改革，探索一流大学建设之路

（七）增强服务重大战略需求能力

需求是推动建设的源动力。加强对各类需求的针对性研究、科学性预测和系统性把握，主动对接国家和区域重大战略，加强各类教育形式、各类专项计划统筹管理，优化学科专业结构，完善以社会需求和学术贡献为导向的学科专业动态调整机制。推进高层次人才供给侧结构性改革，优化不同层次学生的培养结构，适应需求调整培养规模与培养目标，适度扩大博士研究生规模，加快发展博士专业学位研究生教育；加强国家战略、国家安全、国际组织等相关急需学科专业人才的培养，超前培养和储备哲学社会科学特别是马克思主义理论、传承中华优秀传统文化等相关人才。进一步完善以提高招生选拔质量为核心、科学公正的研究生招生选拔机制。建立面向服务需求的资源集成调配机制，充分发挥各类资源的集聚效应和放大效应。

（八）优化学科布局

构建协调可持续发展的学科体系。立足学校办学定位和学科发展规律，打破传统学科之间的壁垒，以"双一流"建设学科为核心，以优势特色学科为主体，以相关学科为支撑，整合相关传统学科资源，促进基础学科、应用学科交叉融合，在前沿和交叉学科领域培植新的学科生长点。与国家和区域发展战略需求紧密衔接，加快建设对接区域传统优势产业，以及先进制造、生态环保等战略型新兴产业发展的学科。加强马克思主义学科建设，加快完善具有支撑作用的学科，突出优势、拓展领域、补齐短板，努力构建全方位、全领域、全要素的中国特色哲学社会科学体系。优化学术学位和专业学位类别授权点布局，处理好交叉学科与传统学科的关

系，完善学科新增与退出机制，学科的调整或撤销不应违背学校和学科发展规律，力戒盲目跟风简单化。

（九）建设高素质教师队伍

人才培养，关键在教师。加强师德师风建设，严把选聘考核晋升思想政治素质关，将师德师风作为评价教师队伍素质的第一标准，打造有理想信念、道德情操、扎实学识、仁爱之心的教师队伍，建成师德师风高地。坚持引育并举、以育为主，建立健全青年人才蓬勃生长的机制，精准引进活跃于国际学术前沿的海外高层次人才，坚决杜绝片面抢挖"帽子"人才等短期行为。改革编制及岗位管理制度，突出教学一线需求，加大教师教学岗位激励力度。建立建强校级教师发展中心，提升教师教学能力，促进高校教师职业发展，加强职前培养、入职培训和在职研修，完善访问学者制度，探索建立专任教师学术休假制度，支持高校教师参加国际化培训项目、国际交流和科研合作。支持高校教师参与基础教育教学改革、教材建设等工作。深入推进高校教师职称评审制度、考核评价制度改革，建立健全教授为本科生上课制度，不唯头衔、资历、论文作为评价依据，突出学术贡献和影响力，激发教师积极性和创造性。

（十）提升科学研究水平

突出一流科研对一流大学建设的支撑作用。充分发挥高校基础研究主力军作用，实施高等学校基础研究珠峰计划，建设一批前沿科学中心，牵头或参与国家科技创新基地、国家重大科技基础设施、哲学社会科学平台建设，促进基础研究和应用研究融通创新、全面发展、重点突破。加强协同创新，发挥高校、科研院所、企业等主体在人才、资本、市场、管理等方面的优势，加大技术创新、成果转化和技术转移力度；围绕关键核心技术和前沿共性问题，完善成果转化管理体系和运营机制，探索建立专业化技术转移机构及新型研发机构，促进创新链和产业链精准对接。主动融入区域发展、军民融合体系，推进军民科技成果双向转移转化，提升对地方经济社会和国防建设的贡献度。推进中国特色哲学社会科学发展，从我国改革发展的实践中挖掘新材料、发现新问题、提出新观点、构建新理论，打造高水平的新型高端智库。探索以代表性成果和原创性贡献为主要内容的科研评价，完善同行专家评价机制。

（十一）深化国际合作交流

大力推进高水平实质性国际合作交流，成为世界高等教育改革的参与者、推动者和引领者。加强与国外高水平大学、顶尖科研机构的实质性学术交流与科研合作，建立国际合作联合实验室、研究中心等；推动中外优质教育模式互学互鉴，以我为主创新联合办学体制机制，加大校际访问学者和学生交流互换力度。以"一带一路"倡议为引领，加大双语种或多语种复合型国际化专业人才培养力度。进一步完善国际学生招收、培养、管理、服务的制度体系，不断优化生源结构，提高生源质量。积极参与共建"一带一路"教育行动和中外人文交流项目，在推进孔子学院建设中，进一步发挥建设高校的主体作用。选派优秀学生、青年教师、学术带头人等赴国外高水平大学、机构访学交流，积极推动优秀研究生公派留学，加大高校优秀毕业生到国际组织实习任职的支持力度，积极推荐高校优秀人才在国际组织、学术机构、国际期刊任职兼职。

（十二）加强大学文化建设

培育理念先进、特色鲜明、中国智慧的大学文化，成为大学生命力、竞争力重要源泉。立足办学传统和现实定位，以社会主义核心价值观为引领，推动中华优秀教育文化的创造性转化和创新性发展，构建具有时代精神、风格鲜明的中国特色大学文化。加强校风教风学风和学术道德建设，深入开展高雅艺术进校园、大学生艺术展演、中华优秀传统文化传承基地建设，营造全方位育人文化。塑造追求卓越、鼓励创新的文化品格，弘扬勇于开拓、求真务实的学术精神，形成中外互鉴、开放包容的文化气质。坚定对发展知识、追求真理、造福人类的责任感使命感，在对口支援、精准扶贫、合建共建等行动中，勇于担当、主动作为，发挥带动作用。传播科学理性与人文情怀，承担引领时代风气和社会未来、促进人类社会发展进步的使命。

（十三）完善中国特色现代大学制度

以制度建设保障高校整体提升。坚持和完善党委领导下的校长负责制，健全完善各项规章制度，贯彻落实大学章程，规范高校内部治理体系，推进管理重心下移，强化依法治校；创新基层教学科研组织和学术管理模式，完善学术治理体系，保障教学、学术委员会在人才培养和学术事务中有效发挥作用；建立和完善学校理事会制度，进一步完善社会支持和参与学校发展的组织形式和制度平台。充分利用云计算、大数据、人工智能等新技术，构建全方位、全过程、全天候的数字校园支撑体系，提升教育教学管理能力。

四、强化内涵建设，打造一流学科高峰

（十四）明确学科建设内涵

学科建设要明确学术方向和回应社会需求，坚持人才培养、学术团队、科研创新"三位一体"。围绕国家战略需求和国际学术前沿，遵循学科发展规律，找准特色优势，着力凝练学科方向、增强问题意识、汇聚高水平人才队伍、搭建学科发展平台，重点建设一批一流学科。以一流学科为引领，辐射带动学科整体水平提升，形成重点明确、层次清晰、结构协调、互为支撑的学科体系，支持大学建设水平整体提升。

（十五）突出学科优势与特色

学科建设的重点在于尊重规律、构建体系、强化优势、突出特色。国内领先、国际前沿高水平的学科，加快培育国际领军人才和团队，实现重大突破，抢占未来制高点，率先冲击和引领世界一流；国内前列、有一定国际影响力的学科，围绕主干领域方向，强化特色，扩大优势，打造新的学科高峰，加快进入世界一流行列。在中国特色的领域、方向，立足解决重大理论、实践问题，积极打造具有中国特色中国风格中国气派的一流学科和一流教材，加快构建中国特色哲学社会科学学科体系、学术体系、话语体系、教材体系，不断提升国际影响力和话语权。

（十六）拓展学科育人功能

以学科建设为载体，加强科研实践和创新创业教育，培养一流人才。强化科研育人，结合国家重点、重大科技计划任务，建立科教融合、相互促进的协同培养机制，促进知识学习与科学研究、能力培养的有机结合。学科建设要以人才培养为中心，支撑引领专业建设，推进实践育人，积极构建面向实践、突出应用的实践实习教学体系，拓展实践实习基地的数量、类型和层次，完善实践实习的质量监控与评价机制。加强创新创业教育，促进专业教育与创新创业教育有机融合，探索跨院系、跨学科、跨专业交叉培养创新创业人才机制，依托大学科技园、协同创新中心和工程研究中心等，搭建创新创业平台，鼓励师生共同开展高质量创新创业。

（十七）打造高水平学科团队和梯队

汇聚拔尖人才，激发团队活力。完善开放灵活的人才培育、吸引和使用机制，着眼长远，构建以学科带头人为领军、以杰出人才为骨干、以优秀青年人才为支撑，衔接有序、结构合理的人才团队和梯队，注重培养团

队精神，加强团队合作。充分发挥学科带头人凝练方向、引领发展的重要作用，既看重学术造诣，也看重道德品质，既注重前沿方向把握，也关注组织能力建设，保障学科带头人的人财物支配权。加大对青年教师教学科研的稳定支持力度，着力把中青年学术骨干推向国际学术前沿和国家战略前沿，承担重大项目、参与重大任务，加强博士后等青年骨干力量培养；建立稳定的高水平实验技术、工程技术、实践指导和管理服务人才队伍，重视和培养学生作为科研生力军。以解决重大科研问题与合作机制为重点，对科研团队实行整体性评价，形成与贡献匹配的评价激励体系。

（十八）增强学科创新能力

学术探索与服务国家需求紧密融合，着力提高关键领域原始创新、自主创新能力和建设性社会影响。围绕国家和区域发展战略，凝练提出学科重大发展问题，加强对关键共性技术、前沿引领技术、现代工程技术、颠覆性技术、重大理论和实践问题的有组织攻关创新，实现前瞻性基础研究、引领性原创成果和建设性社会影响的重大突破。加强重大科技项目的培育和组织，积极承担国家重点、重大科技计划任务，在国家和地方重大科技攻关项目中发挥积极作用。积极参与、牵头国际大科学计划和大科学工程，研究和解决全球性、区域性重大问题，在更多前沿领域引领科学方向。

（十九）创新学科组织模式

聚焦建设学科，加强学科协同交叉融合。整合各类资源，加大对原创性、系统性、引领性研究的支持。围绕重大项目和重大研究问题组建学科群，主干学科引领发展方向，发挥凝聚辐射作用，各学科紧密联系、协同创新，避免简单地"搞平衡、铺摊子、拉郎配"。瞄准国家重大战略和学科前沿发展方向，以服务需求为目标，以问题为导向，以科研联合攻关为牵引，以创新人才培养模式为重点，依托科技创新平台、研究中心等，整合多学科人才团队资源，着重围绕大物理科学、大社会科学为代表的基础学科，生命科学为代表的前沿学科，信息科学为代表的应用学科，组建交叉学科，促进哲学社会科学、自然科学、工程技术之间的交叉融合。鼓励组建学科联盟，搭建国际交流平台，发挥引领带动作用。

五、加强协同，形成"双一流"建设合力

（二十）健全高校"双一流"建设管理制度

明确并落实高校在"双一流"建设中的主体责任，增强建设的责任感

和使命感。充分发挥高校党委在"双一流"建设全程的领导核心作用，推动重大安排部署的科学决策、民主决策和依法决策，确保"双一流"建设方案全面落地。健全高校"双一流"建设管理机构，创新管理体制与运行机制，完善部门分工负责、全员协同参与的责任体系，建立内部监测评价制度，按年度发布建设进展报告，加强督导考核，避免简单化层层分解、机械分派任务指标。

（二十一）增强高校改革创新自觉性

改革创新是高校持续发展的不竭动力。建设高校要积极主动深化改革，发挥教育改革排头兵的引领示范作用，以改革增添动力，以创新彰显特色。全面深化高校综合改革，着力加大思想政治教育、人才培养模式、人事制度、科研体制机制、资源募集调配机制等关键领域环节的改革力度，重点突破，探索形成符合教育规律、可复制可推广的经验做法。增强高校外部体制机制改革协同与政策协调，加快形成高校改革创新成效评价机制，完善社会参与改革、支持改革的合作机制，促进优质资源共享，为高校创新驱动发展营造良好的外部环境。

（二十二）加大地方区域统筹

将"双一流"建设纳入区域重大战略，结合区域内科创中心建设等重大工程、重大计划，主动明确对高校提出需求，形成"双一流"建设与其他重大工程互相支撑、协同推进的格局，更好服务地方经济社会发展。地方政府通过多种方式，对建设高校在资金、政策、资源等方面给予支持。切实落实"放管服"要求，积极推动本地区高水平大学和优势特色学科建设，引导"双一流"建设高校和本地区高水平大学相互促进、共同发展，构建协调发展、有序衔接的建设体系。

（二十三）加强引导指导督导

强化政策支持和资金投入引导。适度扩大高校自主设置学科权限，完善多元化研究生招生选拔机制，适度提高优秀应届本科毕业生直接攻读博士学位的比例。建立健全高等教育招生计划动态调整机制，实施国家急需学科高层次人才培养支持计划，探索研究生招生计划与国家重大科研任务、重点科技创新基地等相衔接的新路径。继续做好经费保障工作，全面实施预算绩效管理，建立符合高等教育规律和管理需要的绩效管理机制，增强建设高校资金统筹权，在现有财政拨款制度基础上完善研究生教育投入机制。建设高校要建立多元筹资机制，统筹自主资金和其他可由高校按规定自主使用的资金等，共同支持"双一流"建设。完善政府、社会、高校相结合的共建机制，形成多元化投入、合力支持的格局。

强化建设过程的指导督导。履行政府部门指导职责，充分发挥"双一流"建设专家委员会咨询作用，支持学科评议组、教育教学指导委员会、教育部科学技术委员会等各类专家组织开展建设评价、诊断、督导，促进学科发展和学校建设。推进"双一流"建设督导制度化常态化长效化。按建设周期跟踪评估建设进展情况，建设期末对建设成效进行整体评价。根据建设进展和评价情况，动态调整支持力度和建设范围。推动地方落实对"双一流"建设的政策支持和资源投入。

（二十四）完善评价和建设协调机制

坚持多元综合性评价。以立德树人成效作为根本标准，探索建立中国特色"双一流"建设的综合评价体系，以人才培养、创新能力、服务贡献和影响力为核心要素，把一流本科教育作为重要内容，定性和定量、主观和客观相结合，学科专业建设与学校整体建设评价并行，重点考察建设效果与总体方案的符合度、建设方案主要目标的达成度、建设高校及其学科专业在第三方评价中的表现度。鼓励第三方独立开展建设过程及建设成效的监测评价。积极探索中国特色现代高等教育评估制度。

健全协调机制。建立健全"双一流"建设部际协调工作机制，创新省部共建合建机制，统筹推进"双一流"建设与地方高水平大学建设，实现政策协同、分工协同、落实协同、效果协同。

附录 8　教育部办公厅关于实施一流本科专业建设"双万计划"的通知

教高厅函〔2019〕18 号

各省、自治区、直辖市教育厅（教委），新疆生产建设兵团教育局，有关部门（单位）教育司（局），部属各高等学校、部省合建各高等学校：

为深入落实全国教育大会和《加快推进教育现代化实施方案（2018—2022 年)》精神，贯彻落实新时代全国高校本科教育工作会议和《教育部关于加快建设高水平本科教育 全面提高人才培养能力的意见》、"六卓越一拔尖"计划 2.0 系列文件要求，推动新工科、新医科、新农科、新文科建设，做强一流本科、建设一流专业、培养一流人才，全面振兴本科教育，提高高校人才培养能力，实现高等教育内涵式发展，经研究，教育部决定全面实施"六卓越一拔尖"计划 2.0，启动一流本科专业建设"双万计划"，现将有关事项通知如下。

一、主要任务

2019—2021 年，建设 10 000 个左右国家级一流本科专业点和 10 000 个左右省级一流本科专业点。

二、建设原则

面向各类高校。在不同类型的普通本科高校建设一流本科专业，鼓励分类发展、特色发展。

面向全部专业。覆盖全部 92 个本科专业类，分年度开展一流本科专业点建设。

突出示范领跑。建设新工科、新医科、新农科、新文科示范性本科专业，引领带动高校优化专业结构、促进专业建设质量提升，推动形成高水平人才培养体系。

分"赛道"建设。中央部门所属高校、地方高校名额分列，向地方高校倾斜；鼓励支持高校在服务国家和区域经济社会发展中建设一流本科专业。

"两步走"实施。报送的专业第一步被确定为国家级一流本科专业建设点；教育部组织开展专业认证，通过后再确定为国家级一流本科专业。

三、建设方式

1. 国家级一流本科专业建设工作分三年完成。每年 3 月启动，经高校网上报送、教育主管部门或高校提交汇总材料、高等学校教学指导委员会提出推荐意见等，确定建设点名单，当年 10 月公布结果。

2. 省级一流本科专业建设方案由各省级教育行政部门制订，按照建设总量不超过本行政区域内本科专业布点总数的 20%，分三年统筹规划，报教育部备案后与国家级一流专业建设同步组织实施。每年 9 月底前，各省级教育行政部门将本年度省级一流本科专业建设点名单报教育部，当年 10 月与国家级一流本科专业建设点名单一并公布。

3. 入选省级一流本科专业建设点的专业，如同时入选国家级一流本科专业建设点，按照国家级一流本科专业建设点公布。空出的省级一流本科专业建设点名额可延至下一年度使用。

4. 根据 2019、2020 年一流本科专业点建设情况，2021 年将对各专业类国家级一流本科专业的建设数量和建设进度进行统筹。

四、报送条件

（一）报送高校需具备的条件

1. 全面落实"以本为本、四个回归"。坚持立德树人，切实巩固人才培养中心地位和本科教学基础地位，把思想政治教育贯穿人才培养全过程，着力深化教育教学改革，全面提升人才培养质量。

2. 积极推进新工科、新医科、新农科、新文科建设。紧扣国家发展需求，主动适应新一轮科技革命和产业变革，着力深化专业综合改革，优化专业结构，积极发展新兴专业，改造提升传统专业，打造特色优势专业。

3. 不断完善协同育人和实践教学机制。积极集聚优质教育资源，优化人才培养机制，着力推进与政府部门、企事业单位合作办学、合作育人、合作就业、合作发展，强化实践教学，不断提升人才培养的目标达成度和社会满意度。

4. 努力培育以人才培养为中心的质量文化。坚持学生中心、产出导向、持续改进的基本理念，建立健全自查自纠的质量保障机制并持续有效实施，将对质量的追求内化为全校师生的共同价值追求和行为自觉。

（二）报送专业需具备的条件

1. 专业定位明确。服务面向清晰，适应国家和区域经济社会发展需要，符合学校发展定位和办学方向。

2. 专业管理规范。切实落实本科专业国家标准要求，人才培养方案科学合理，教育教学管理规范有序。近三年未出现重大安全责任事故。

3. 改革成效突出。持续深化教育教学改革，教育理念先进，教学内容更新及时，方法手段不断创新，以新理念、新形态、新方法引领带动新工科、新医科、新农科、新文科建设。

4. 师资力量雄厚。不断加强师资队伍和基层教学组织建设，教育教学研究活动广泛开展，专业教学团队结构合理、整体素质水平高。

5. 培养质量一流。坚持以学生为中心，促进学生全面发展，有效激发学生学习兴趣和潜能，增强创新精神、实践能力和社会责任感，毕业生行业认可度高、社会整体评价好。

五、报送办法

国家级一流本科专业建设点以学校为单位组织报送。教育部直属高校直接报教育部，其他中央部门所属高校经主管部门同意后报教育部；地方高校由省级教育行政部门统一报教育部。各地各高校报送专业点数（比例）分年度下达。

六、组织保障

（一）构建三级实施体系。教育部等 14 个"六卓越一拔尖"计划 2.0 负责部委（单位）统筹一流本科专业建设"双万计划"组织实施工作，指导各地、各高校落实有关文件要求，加强一流本科专业建设，推动构建国家、地方、高校三级实施体系。

（二）完善经费保障。中央部门所属高校应当统筹利用中央高校教育教学改革专项等中央高校预算拨款和其他各类资源，各地应当统筹地方财政高等教育资金和中央支持地方高校改革发展资金，支持一流本科专业建设。

（三）建立动态调整机制。教育部和省级教育行政部门加强对计划实施过程跟踪，针对一流本科专业建设中存在的问题，提出改进意见建议，对于建设质量不达标、出现严重质量问题的专业建设点予以撤销。

七、关于 2019 年国家级一流本科专业建设点报送工作

1. 报送数量。中央部门所属高校、部省合建高校 2019 年度报送的专业点数不超过本校本科专业布点数 25%；各省级教育行政部门 2019 年度报送专业点数量不超过本地所属地方高校本科专业布点总数的 15%。

2. 在线登录账号和密码。高校使用"高等教育质量监测国家数据平台"的登录账号及密码。各省级教育行政部门、中央有关部门（单位）教育司（局）须明确工作联系人，于 2019 年 4 月 15 日前将姓名、单位、座机、手机、电子邮件、传真号码报至教育部高等教育司文科处，获取报送系统登录账号及密码。

3. 在线报送时间和网址。在线报送时间为 2019 年 4 月 20 日—6 月 30 日，请登录"国家级一流本科专业建设报送系统"（网址：http://udb.heec.edu.cn），按照系统提示填报。

4. 在线审核和提交。各省级教育行政部门、中央有关部门（单位）教育司（局）须在 2019 年 6 月 30 日前，登录报送系统，严格按照限额，完成所属高校报送信息的在线审核和提交工作。

5. 纸质材料报送。高校在线报送完成后，请导出《国家级一流本科专业建设点信息汇总表》，加盖本校公章。教育部直属高校、部省合建高校材料直接报教育部；中央部门所属高校材料加盖主管部门公章后报教育部；地方高校材料由省级教育行政部门加盖公章后统一报送教育部。请于 2019 年 7 月 1 日前（以邮戳时间为准），将材料寄北京市西城区西单大木仓胡同 35 号教育部高等教育司文科处，邮编：100816。

联系人及电话：教育部高等教育司，朱蓓蓓、徐健，010-66097823；教育部高等教育教学评估中心，郭栋、南方，010-82213390、82213395。

附录9 国家级一流本科专业分专业类建设规划（附表9-1）

附表9-1 国家级一流本科专业分专业类建设规划

专业类代码	专业类	拟建设数量
0101	哲学类	18
0201	经济学类	126
0202	财政学类	38
0203	金融学类	206
0204	经济与贸易类	144
0301	法学类	137
0302	政治学类	43
0303	社会学类	95
0304	民族学类	6
0305	马克思主义理论类	57
0306	公安学类	34
0401	教育学类	189
0402	体育学类	147
0501	中国语言文学类	228
0502	外国语言文学类	609
0503	新闻传播学类	236
0601	历史学类	77
0701	数学类	192
0702	物理学类	100
0703	化学类	148
0704	天文学类	6
0705	地理科学类	119
0706	大气科学类	11
0707	海洋科学类	16
0708	地球物理学类	12
0709	地质学类	13
0710	生物科学类	158
0711	心理学类	72

专业类代码	专业类	拟建设数量
0712	统计学类	85
0801	力学类	21
0802	机械类	407
0803	仪器类	56
0804	材料类	240
0805	能源动力类	68
0806	电气类	120
0807	电子信息类	437
0808	自动化类	123
0809	计算机类	577
0810	土木类	215
0811	水利类	41
0812	测绘类	41
0813	化工与制药类	141
0814	地质类	40
0815	矿业类	39
0816	纺织类	26
0817	轻工类	32
0818	交通运输类	77
0819	海洋工程类	14
0820	航空航天类	24
0821	兵器类	14
0822	核工程类	12
0823	农业工程类	29
0824	林业工程类	9
0825	环境科学与工程类	158
0826	生物医学工程类	31
0827	食品科学与工程类	106
0828	建筑类	139
0829	安全科学与工程类	35
0830	生物工程类	72
0831	公安技术类	23
0901	植物生产类	83

专业类代码	专业类	拟建设数量
0902	自然保护与环境生态类	17
0903	动物生产类	21
0904	动物医学类	26
0905	林学类	43
0906	水产类	14
0907	草学类	8
1001	基础医学类	9
1002	临床医学类	80
1003	口腔医学类	25
1004	公共卫生与预防医学类	26
1005	中医学类	28
1006	中西医结合类	8
1007	药学类	80
1008	中药学类	30
1009	法医学类	8
1010	医学技术类	85
1011	护理学类	48
1201	管理科学与工程类	268
1202	工商管理类	674
1203	农业经济管理类	23
1204	公共管理类	247
1205	图书情报与档案管理类	17
1206	物流管理与工程类	103
1207	工业工程类	48
1208	电子商务类	100
1209	旅游管理类	143
1301	艺术学理论类	4
1302	音乐与舞蹈学类	198
1303	戏剧与影视学类	216
1304	美术学类	157
1305	设计学类	474

附录10 国家级一流物流管理专业和省级一流物流管理专业建设高校名单（附表10-1、附表10-2）

附表10-1 国家级一流物流管理专业建设高校名单

序号	学校名称	专业名称	级别
1	同济大学	物流管理	国家级
2	东南大学	物流管理	国家级
3	华中科技大学	物流管理	国家级
4	吉林大学	物流管理	国家级
5	大连理工大学	物流管理	国家级
6	郑州大学	物流管理	国家级
7	云南大学	物流管理	国家级
8	对外经济贸易大学	物流管理	国家级
9	北京交通大学	物流管理	国家级
10	西南财经大学	物流管理	国家级
11	华东理工大学	物流管理	国家级
12	西南交通大学	物流管理	国家级
13	中南财经政法大学	物流管理	国家级
14	武汉理工大学	物流管理	国家级
15	华南师范大学	物流管理	国家级
16	合肥工业大学	物流管理	国家级
17	安徽大学	物流管理	国家级
18	福州大学	物流管理	国家级
19	东北财经大学	物流管理	国家级
20	长安大学	物流管理	国家级
21	海南大学	物流管理	国家级
22	大连海事大学	物流管理	国家级
23	太原理工大学	物流管理	国家级
24	上海对外经贸大学	物流管理	国家级
25	宁波大学	物流管理	国家级
26	南京信息工程大学	物流管理	国家级

序号	学校名称	专业名称	级别
27	天津财经大学	物流管理	国家级
28	南京审计大学	物流管理	国家级
29	南京财经大学	物流管理	国家级
30	江西财经大学	物流管理	国家级
31	浙江工商大学	物流管理	国家级
32	广州大学	物流管理	国家级
33	上海海事大学	物流管理	国家级
34	长江大学	物流管理	国家级
35	西安邮电大学	物流管理	国家级
36	石家庄铁道大学	物流管理	国家级
37	广东财经大学	物流管理	国家级
38	重庆交通大学	物流管理	国家级
39	集美大学	物流管理	国家级
40	山东财经大学	物流管理	国家级
41	江苏科技大学	物流管理	国家级
42	重庆工商大学	物流管理	国家级
43	贵州财经大学	物流管理	国家级
44	中南林业科技大学	物流管理	国家级
45	北京工商大学	物流管理	国家级
46	山西财经大学	物流管理	国家级
47	河北经贸大学	物流管理	国家级
48	兰州交通大学	物流管理	国家级
49	西南科技大学	物流管理	国家级
50	华东交通大学	物流管理	国家级
51	厦门理工学院	物流管理	国家级
52	天津科技大学	物流管理	国家级
53	湖南工商大学	物流管理	国家级
54	武汉轻工大学	物流管理	国家级
55	上海商学院	物流管理	国家级
56	青岛理工大学	物流管理	国家级
57	大连交通大学	物流管理	国家级

序号	学校名称	专业名称	级别
58	上海第二工业大学	物流管理	国家级
59	沈阳航空航天大学	物流管理	国家级
60	河南工业大学	物流管理	国家级
61	安徽工程大学	物流管理	国家级
62	曲阜师范大学	物流管理	国家级
63	南京晓庄学院	物流管理	国家级
64	内蒙古财经大学	物流管理	国家级
65	云南财经大学	物流管理	国家级
66	合肥学院	物流管理	国家级
67	安庆师范大学	物流管理	国家级
68	淮北师范大学	物流管理	国家级
69	湖北经济学院	物流管理	国家级
70	南宁师范大学	物流管理	国家级
71	郑州轻工业大学	物流管理	国家级
72	哈尔滨商业大学	物流管理	国家级
73	北华航天工业学院	物流管理	国家级
74	北京物资学院	物流管理	国家级
75	郑州航空工业管理学院	物流管理	国家级
76	常州工学院	物流管理	国家级
77	宁波工程学院	物流管理	国家级
78	成都工业学院	物流管理	国家级
79	临沂大学	物流管理	国家级
80	长沙学院	物流管理	国家级
81	新疆财经大学	物流管理	国家级
82	湖北汽车工业学院	物流管理	国家级
83	湖南工学院	物流管理	国家级
84	浙江万里学院	物流管理	国家级
85	武汉工商学院	物流管理	国家级
86	福州外语外贸学院	物流管理	国家级
87	广州工商学院	物流管理	国家级

序号	学校名称	专业名称	级别
1	重庆大学	物流管理	省级
2	中国海洋大学	物流管理	省级
3	新疆大学	物流管理	省级
4	深圳大学	物流管理	省级
5	贵州大学	物流管理	省级
6	南京邮电大学	物流管理	省级
7	武汉科技大学	物流管理	省级
8	山东师范大学	物流管理	省级
9	天津师范大学	物流管理	省级
10	安徽财经大学	物流管理	省级
11	上海立信会计金融学院	物流管理	省级
12	江苏师范大学	物流管理	省级
13	成都信息工程大学	物流管理	省级
14	河南财经政法大学	物流管理	省级
15	天津理工大学	物流管理	省级
16	武汉纺织大学	物流管理	省级
17	上海工程技术大学	物流管理	省级
18	南京工程学院	物流管理	省级
19	西安财经大学	物流管理	省级
20	华北水利水电大学	物流管理	省级
21	沈阳师范大学	物流管理	省级
22	上海电机学院	物流管理	省级
23	湖北第二师范学院	物流管理	省级
24	广东药科大学	物流管理	省级
25	广西科技大学	物流管理	省级
26	武汉商学院	物流管理	省级
27	青岛农业大学	物流管理	省级
28	惠州学院	物流管理	省级
29	泰州学院	物流管理	省级
30	北部湾大学	物流管理	省级
31	河北科技师范学院	物流管理	省级

序号	学校名称	专业名称	级别
32	阜阳师范大学	物流管理	省级
33	武夷学院	物流管理	省级
34	吉林工商学院	物流管理	省级
35	南阳师范学院	物流管理	省级
36	吉林工程技术师范学院	物流管理	省级
37	贵州商学院	物流管理	省级
38	湖南女子学院	物流管理	省级
39	河南牧业经济学院	物流管理	省级
40	南开大学滨海学院	物流管理	省级
41	郑州工程技术学院	物流管理	省级
42	兰州工业学院	物流管理	省级
43	河北环境工程学院	物流管理	省级
44	怀化学院	物流管理	省级
45	黑河学院	物流管理	省级
46	福州大学至诚学院	物流管理	省级
47	上海师范大学天华学院	物流管理	省级
48	苏州科技大学天平学院	物流管理	省级
49	江苏科技大学苏州理工学院	物流管理	省级
50	常州大学怀德学院	物流管理	省级
51	重庆财经学院	物流管理	省级
52	安徽外国语学院	物流管理	省级
53	长春财经学院	物流管理	省级
54	广州南方学院	物流管理	省级
55	南通理工学院	物流管理	省级
56	广州软件学院	物流管理	省级
57	三亚学院	物流管理	省级
58	昆明文理学院	物流管理	省级
59	山东英才学院	物流管理	省级
60	辽宁对外经贸学院	物流管理	省级
61	柳州工学院	物流管理	省级
62	宁夏大学新华学院	物流管理	省级

序号	学校名称	专业名称	级别
63	燕京理工学院	物流管理	省级
64	四川工业科技学院	物流管理	省级
65	青岛黄海学院	物流管理	省级
66	西安外事学院	物流管理	省级
67	长春工业大学人文信息学院	物流管理	省级
68	广东科技学院	物流管理	省级
69	江西应用科技学院	物流管理	省级
70	安徽新华学院	物流管理	省级
71	郑州财经学院	物流管理	省级
72	广东白云学院	物流管理	省级
73	东莞城市学院	物流管理	省级
74	郑州工商学院	物流管理	省级
75	山西应用科技学院	物流管理	省级

附录11 本科层次物流专业课程体系调查问卷

尊敬的物流同仁：

您好！本次调查是为更好地完成关于物流专业课程体系研究的教育教学改革课题，为深入、详细地了解物流专业课程体系设置情况，特设计此问卷，对物流相关专业任课教师、系主任或专业带头人进行网上调查。我们非常感谢您参加此次调查活动。本调查采用不记名方式，您可以放心作答。能得到您的支持，我们感到非常荣幸，谢谢！

1. 贵校的物流相关专业设置情况（可多选）（　　）
A. 物流管理　　　　　　　　B. 物流工程
C. 物流与供应链管理　　　　D. 采购管理

2. 贵校物流专业隶属学院（　　）
A. 经济与管理学院　　　　　B. 交通运输学院
C. 工商学院　　　　　　　　D. 物流学院
E. 其他

3. 贵校物流专业课程体系设置是否有企业或行业专家参与？是　否
（1）参与企业数量：
A. 1~3家　　B. 4~6家　C. 7~9家　D. 10家及以上
（2）参与方式：A. 调研　　　B. 研讨　　　C. 评审

4. 贵校物流专业课程体系设置了哪些课程平台？（多选）（　　）
A. 专业基础课　B. 专业必修课　　C. 专业选修课　D. 专业主干课
E. 专业拓展课　F. 方向模块课　　G. 实验实训课　　H. 集中实训

5. 专业基础课平台开设了哪些课程？（多选）（　　）
管理学　　经济学　数学　　统计学　管理信息系统　　电子商务
运筹学　　经济法　其他（请填写课程名）

6. 专业核心课程有哪些？（多选）
采购管理、仓储与配送管理、运输管理、生产物流管理、物流中心规划、物流信息技术、供应链管理、物流成本管理、物流仿真实训、ERP操作实训、物流装备、其他

7. 贵校物流专业是否设置不同方向模块　是　否

设置了哪些方向：电商物流　保税物流　汽车物流　粮食物流　港口物流　医药物流　冷链物流　服装物流　航空物流　国际物流　智慧物流其他

8. 贵校物流专业开设的数据、智能方向课程包括（可多选）（　　　）

A. 数据分析（Python 数据分析）　B. 大数据　C. 人工智能

D. 物联网　E. 其他

9. 在教学过程中，您认为哪些课程与主要专业课（或核心课程）内容重复较多？（可多选）（　　　）

A. 第三方物流管理　　B. 企业物流管理　　C. 国际物流

D. 绿色物流　E. 生产物流管理　F. 保税物流　　G. 其他

10. 贵校实践学分占总学分比例

A. 15%～20%　　B. 21%～30%　　C. 31%～40%　　D. 40%以上

11. 贵校专业实践教学环节主要包括（多选）

A. 实验实训课　B. 认知实习　C. 专业实习　　D. 毕业实习

E. 毕业论文（设计）　　F. 其他

12. 贵校物流专业开设的实训课程包括（多选）（　　　）

A. ERP 操作实训（含 TMS、WMS 等）　B. 物流作业操作实训

C. 保税物流实训　　D. 报关报检实训（单一窗口软件）

E. 物流系统仿真　　F. 其他

13. 贵校现有实验实训基地是否能较好地支持相应实训课程的教学？

是　否

通常是哪些课程不能被较好支撑？

14. 贵校物流专业校企合作形式有哪些？

认知实习、专业实习、毕业实习、参与人才培养标准制定、课程设置、课堂教学、讲座、横向课题研究、课程标准制定、其他（请说明具体形式）